Drei Päpste und ihre Lieblingsheiligen

Stefan von Kempis (Hg.)

Stefan von Kempis (Hg.)

Drei Päpste und ihre Lieblingsheiligen

Persönliche Gedanken von
Johannes Paul II.,
Benedikt XVI.
und Franziskus

HERDER

FREIBURG · BASEL · WIEN

MIX
Papier aus verantwortungsvollen Quellen
FSC® C083411

www.herder.de

Als deutsche Bibelübersetzung ist zugrunde gelegt:
Die Bibel. Die Heilige Schrift
des Alten und Neuen Bundes.
Vollständige deutschsprachige Ausgabe
DIE BIBEL

Satz: de·te·pe, Aalen
Herstellung: CPI books GmbH, Leck

Printed in Germany

ISBN Print 978-3-451-37913-0
ISBN E-Book 978-3-451-81184-5

Inhalt

Einführung

Das Buch, das Sie in Händen halten, ist, um es rundheraus zu sagen, kein »Who is Who« der Heiligkeit: Viele große Namen, zum Beispiel Katharina von Siena oder Don Bosco, fehlen, auf Vollständigkeit legen wir es nicht an. Die Menschen, die wir hier vorstellen, sind auch gar nicht alle offiziell heilig; manche haben es bislang nur zur Seligsprechung geschafft, in einem Fall (Sie werden schon sehen, in welchem ...) noch nicht einmal das.

Nein, uns geht es um etwas anderes: Wir fragen danach, welche Leitfiguren die letzten drei Päpste (von denen einer, nämlich Johannes Paul II., ebenfalls heilig ist) inspiriert haben. Welche großen Gestalten der Kirchengeschichte, von den Anfängen bis heute, sie ihren Zeitgenossen und den nachkommenden Generationen zum Vorbild geben wollten. Sag mir, wen du als Heiligen verehrst, und ich sage dir, wer du bist: Wir lesen drei Pontifikate im Spiegel ihrer Heiligen und Seligen.

Jeder der drei Rom-Bischöfe – Johannes Paul, Benedikt, Franziskus – ging bzw. geht anders heran an das Thema Heiligkeit und Heiligsprechungen, setzt ganz eigene Akzente. Johannes Paul war der Eilige Vater, der in einem Pontifikat von Rekordlänge etwa hundert Auslandsreisen unternahm und dabei häufig große Persönlichkeiten einer jeweiligen Ortskirche vor Ort selig- oder heiligsprach. Er hinterließ also ein ganzes Netz von Heiligen, das sich über den Globus spannt.

Benedikt, der Stillere, reformierte den Ritus, um die Selig- oder Heiligsprechungen deutlich von der eigentlichen Messfeier abzutrennen, er brachte also etwas Ordnung in die Sache. Und er wies in einer Vielzahl von Katechesen bei seinen Mittwochs-Generalaudienzen vor allem auf die Kirchenväter und auf Heilige des Mittelalters hin, mit einem deutlichen Faible für Ordensheilige. Die farbigsten Schilderungen von Heiligen-Biografien stammen – das mag manche überraschen – von Benedikt. Nicht von seinem Vorgänger, nicht von seinem Nachfolger.

Franziskus wiederum weist gern auf große Missionare hin – und auf eine »Mittelklasse der Heiligkeit«, also ein im Alltag gelebtes Heiligsein ganz normaler Menschen, auf die keiner in Rom aufmerksam wird und die doch eine Leuchtspur des Heiligen in ihrer Umgebung hinterlassen. Zu diesen unbekannten und nicht-kanonisierten Heiligen zählt Franziskus auch seine Großmutter. Ein originelles Konzept, eine Demokratisierung des Heiligenbegriffs.

Wir haben hier also Selige und Heilige ausgewählt, denen sich Johannes Paul, Benedikt und Franziskus aus den verschiedensten Gründen nahe fühlen. Und wir beleuchten in kurzen Aufsätzen und anhand von Papst-Zitaten, woher in jedem spezifischen Fall diese Affinität rührte. An umfassenden Biografien der entsprechenden Heiligen ist uns nicht gelegen, das lässt sich anderswo nachschlagen; stattdessen erzählen wir die Geschichte dieses Papstes mit diesem Heiligen, dieser Seligen.

Natürlich hätten wir noch viel mehr und auch noch ganz andere Selige oder Heilige auswählen können, und natürlich ließe sich mancher Heilige, Franz von Assisi zum Beispiel, bei mehr als einem Papst »unterbringen«. Aber hier geht es ja nicht um Perfektion. Es geht um Heiligkeit – und das ist etwas anderes.

Rom, am Fest des »ungläubigen« Apostels Thomas (3. Juli) 2017, Stefan v. Kempis

Johannes Paul II.

Pater Pio (1887–1968)

Eigentlich hieß er Francesco Forgione, doch weltweit bekannt wurde der Bauernsohn aus der süditalienischen Provinz unter seinem Ordensnamen Pater Pio. Der Mystiker, Wundertäter und unermüdliche Beichtvater trug als erster katholischer Priester die Stigmata, die Wundmale Christi. Rom tat sich schwer mit dem streitbaren, oft grimmig auftretenden Kapuziner, zu dem Millionen von Menschen pilgerten; zeitweise verbot es ihm, öffentlich die Messe zu lesen, und fürchtete, die Pater-Pio-Verehrer gingen einem »Hysteriker« auf den Leim. In Italien ist Pater Pio neben Franz von Assisi heute der Volksheilige schlechthin; man findet das Bild mit seinen kantigen Gesichtszügen überall, auch in Taxis, Bars und Geschäften.

Karol Wojtyla ist als junger Priester an Ostern 1947 von Rom aus, wo er studierte, nach Apulien gereist, um Pater Pio kennenzulernen. 1962 wandte sich Wojtyla, der inzwischen Weihbischof von Krakau war, schriftlich an Pater Pio mit der Bitte, für eine Freundin zu beten, die an Darmkrebs erkrankt war; als die Frau daraufhin auf kaum erklärbare Weise geheilt wurde, bedankte sich Wojtyla in einem weiteren Brief. Pater Pio soll Wojtyla seine künftige Wahl zum Papst vorausgesagt haben – wann genau, darüber gehen die Quellen allerdings auseinander.

An der Heiligsprechung von Pater Pio durch Johannes Paul II. nahm 2002 in Rom fast eine Million Menschen teil. Der polnische Papst band durch diese Heiligsprechung die manchmal ausufernde Pater-Pio-Verehrung an die Kirche: Der störrische Ordensmann wurde sozusagen eingemeindet.

Ein Bruder des Volkes

Was ist das Geheimnis einer so großen Bewunderung und Liebe für diesen neuen Heiligen? In erster Linie ist er, der traditionellen Eigenschaft der Kapuziner entsprechend, ein »Bruder des

Volkes«. Zudem ist er ein heiliger Wundertäter, wie die zahlreichen außerordentlichen Ereignisse in seinem Leben bezeugen. Vor allem aber ist Pater Pio ein Ordensbruder, der den gekreuzigten Christus aufrichtig liebte. Im Lauf seines Lebens hat er auch körperlich am Geheimnis des Kreuzes Anteil gehabt.

Er liebte es, die Herrlichkeit des Tabor mit dem Mysterium der Passion zu verbinden. In einem seiner Briefe heißt es: »Bevor auch wir mit dem heiligen Petrus ausrufen, ›Herr, es ist gut, dass wir hier sind‹, müssen wir den Kalvarienberg ersteigen, wo nichts als Tod, Nägel, Dornen, Schmerz, tiefe Dunkelheit, Verlassenheit und Ohnmacht zu sehen sind« (*Epistolarium III*, S. 287).

Pater Pio ging diesen seinen Weg anspruchsvoller spiritueller Askese in tiefer Verbundenheit mit der Kirche. Auch das vorübergehende Unverständnis vonseiten der einen oder anderen kirchlichen Behörde konnte seine Haltung treuen Gehorsams nicht schwächen. Pater Pio war ein zugleich treuer und mutiger Sohn der Kirche, der auch diesbezüglich dem leuchtenden Beispiel des »Poverello von Assisi« folgte.

Dieser heilige Kapuziner, an den sich zahlreiche Personen aus aller Welt wenden, zeigt uns Mittel und Wege zur Erlangung der Heiligkeit, das Ziel unseres christlichen Lebens. Wie viele Gläubige aus allen sozialen Schichten, aus den verschiedensten Orten und in den schwierigsten Lebenslagen kommen zu ihm und suchen seinen Rat! Allen verstand er das anzubieten, was sie am meisten benötigten und wonach sie häufig blindlings, ohne feste Vorstellung, suchten. Er vermittelte ihnen das trostspendende und erleuchtende Wort Gottes und ermöglichte jedem, durch die eifrige Hingabe an den Dienst der Versöhnung und die inbrünstige Feier der Eucharistie aus der Quelle der Gnade zu schöpfen.

In einem Brief an eine seiner geistigen Töchter schrieb er: »Nähere dich ohne Furcht dem Altar des Herrn, um dich am Fleisch des reinen Lammes zu sättigen, denn niemand wird deinen Geist besser versöhnen als sein König, nichts wird ihn besser wärmen als seine Sonne und nichts wird ihn sanfter machen als sein Trost« (ebd. S. 944).

Die Messe Pater Pios! Für die Priester war sie ein vielsagender Hinweis auf die Schönheit der priesterlichen Berufung; für die Ordensleute und Laien, die bereits in den frühen Morgenstunden nach San Giovanni Rotondo eilten, war sie eine außergewöhnliche Katechese über den Wert und die Bedeutung des eucharistischen Opfers.

Die heilige Messe war Mittelpunkt und Quelle seiner gesamten Spiritualität: »In der Messe« – so sagte er – »ist der gesamte Leidensweg enthalten.« Die Gläubigen, die sich um seinen Altar drängten, waren von der Intensität seines »Versunkenseins« ins Geheimnis zutiefst beeindruckt und spürten die persönliche Teilnahme des Paters am Leiden des Erlösers.

(Ansprache, 17.6.2002)

Der sich des Kreuzes rühmte

»*Mein Joch drückt nicht, und meine Last ist leicht*« (Mt 11,30) … Das im Evangelium verwandte Bild vom »Joch« ruft die vielen Prüfungen in Erinnerung, die der demütige Kapuziner von San Giovanni Rotondo durchstehen musste. An ihm sehen wir heute, wie wenig das »Joch« Christi drückt, und wie leicht seine Last ist, wenn man sie mit treuer Liebe trägt. Leben und Sendung von Pater Pio bezeugen, dass Schwierigkeiten und Leid, wenn sie aus Liebe angenommen werden, sich in einen bevorzugten Weg der Heiligkeit verwandeln, der die Perspektive auf ein viel höheres Gut öffnet, das nur der Herr kennt.

»*Ich aber will mich allein des Kreuzes Jesu Christi, unseres Herrn, rühmen*« (Gal 6,14). Zeichnete sich Pater Pio nicht hauptsächlich dadurch aus, dass er sich »des Kreuzes rühmte«? Die von dem einfachen Kapuziner aus Pietrelcina gelebte Spiritualität des Kreuzes ist überaus aktuell. Unsere Zeit muss diesen

Wert wiederentdecken, damit sie das Herz auf die Hoffnung hin öffnet.

In seinem ganzen Leben hat er eine immer größere Ähnlichkeit mit dem Gekreuzigten angestrebt, wobei er sich seiner besonderen Berufung bewusst war, in einzigartiger Weise am Heilswerk mitzuwirken. Ohne diesen ständigen Bezug auf das Kreuz versteht man seine Heiligkeit nicht.

Im Plan Gottes ist das Kreuz das wahre Heilswerkzeug für die ganze Menschheit und der vom Herrn ausdrücklich angebotene Weg für alle, die ihm nachfolgen wollen (vgl. Mk 16, 24). Der heilige Bruder vom Gargano hatte dies vollkommen erkannt, als er am Fest der Aufnahme Mariens in den Himmel im Jahr 1914 schrieb: »Wenn wir zu unserer endgültigen Bestimmung gelangen wollen, müssen wir dem göttlichen Haupt folgen. Gott will die erwählte Seele auf keinen anderen als den von ihm beschrittenen Weg führen; ich meine, auf den Weg der Selbstverleugnung und des Kreuzes« (*Epistolarium II*, S. 155).

»Ich, der Herr, bin es, der auf der Erde Gnade schafft« (Jer 9, 23). Pater Pio war ein hochherziger Ausspender der göttlichen Gnade, indem er allen zur Verfügung stand durch die Aufnahmebereitschaft, die geistliche Führung und besonders durch die Spendung des Bußsakraments. Auch mir wurde das Privileg zuteil, in meinen Jugendjahren in den Genuss seiner Verfügbarkeit gegenüber den Beichtenden zu kommen. Der Dienst im Beichtstuhl, der für sein Apostolat kennzeichnend war, hat große Scharen von Gläubigen zum Kloster von San Giovanni Rotondo hingezogen. Auch wenn dieser einzigartige Beichtvater die Pilger scheinbar mit Härte behandelte, kehrten sie, der schweren Sünde bewusst und wirklich reumütig, fast immer zur versöhnlichen Umarmung der sakramentalen Vergebung zurück …

Der tiefste Grund des apostolischen Wirkens von Pater Pio, die eigentliche Wurzel seiner großen geistlichen Fruchtbarkeit findet sich in der festen inneren Verbundenheit mit Gott, deren sprechendes Zeugnis die vielen im Gebet und im Beichtstuhl verbrachten Stunden waren. Er pflegte zu sagen: »Ich bin ein einfacher Bruder, der betet«, überzeugt davon, dass »das Gebet die beste Waffe ist, die wir haben, ein Schlüssel, der das Herz Gottes öffnet.« Dieses grundlegende Merkmal seiner Spiritualität setzt sich fort in den von ihm gegründeten »Gebetsgruppen«, die durch ihr unablässiges und vertrauensvolles Gebet in großartiger Weise zum Wohl der Kirche und der Gesellschaft beitragen. Mit dem Gebet hat Pater Pio eine intensive karitative Tätigkeit verbunden, deren schönster Ausdruck die »Casa Sollievo della Sofferenza« ist. Gebet und Nächstenliebe, das ist die konkrete Zusammenfassung der Lehre Pater Pios, die heute allen erneut angeboten wird.

»Ich preise dich, Vater, Herr des Himmels und der Erde, weil du all das den Weisen und Klugen verborgen, den Unmündigen aber offenbart hast.« (Mt 11, 25).

Wie zutreffend erscheinen diese Worte Jesu, wenn man sie auf dich, einfacher und geliebter Pater Pio, bezieht.

Wir bitten dich, lehre auch uns die Einfachheit des Herzens, damit wir zu den Kleinen des Evangeliums gezählt werden, denen der Vater die Geheimnisse seiner Reiches zu enthüllen verheißen hat … Hilf uns in der Stunde des Kampfes und der Prüfung, und, wenn wir fallen, lass uns die Freude des Sakraments der Vergebung spüren.

(Predigt bei der Heiligsprechung, 16.6.2002)

Maria

Als Pole hat Johannes Paul II. die Marienverehrung geradezu mit der Muttermilch eingesogen; schon vor seiner Priesterweihe gehörte der junge Karol Wojtyla im besetzten Polen der vierziger Jahre einer »Vereinigung des Lebendigen Rosenkranzes« an. Als er 1979 einige Monate nach seiner Wahl zum Papst den Wallfahrtsort der »Schwarzen Madonna« von Tschenstochau (auch: Jasna Góra*) besuchte, erklärte er, dies sei der Ort, aus dem jeder Pole stamme, physisch oder dem Geist nach. Hier, im »Heiligtum einer großen Hoffnung«, habe er »vor Marias Bild so oft im Gebet* totus tuus *geflüstert« – seinen Wahlspruch, der auf Deutsch »Ganz dein« bedeutet. »Ich bin ein Mensch, der vertraut«, so schloss Johannes Paul seine Predigt – »ein solcher zu sein, das habe ich hier gelernt!« (Predigt, 4.6.1979)*

Marienfrömmigkeit und polnischer Nationalstolz gingen bei Johannes Paul – das machen seine Worte von Tschenstochau deutlich – eine charakteristische Verbindung ein. Für viele im deutschen Sprachraum war diese Mischung gewöhnungsbedürftig, schließlich war und ist die Marienverehrung in unseren Breiten gemeinhin nüchterner und auch mit Vorbehalten behaftet, etwa was ihre ökumenische Verträglichkeit betrifft. Doch für den polnischen Papst gehörte sie zu seiner geistlichen DNA. An der Fassade des Apostolischen Palastes im Vatikan hat Johannes Paul ein Mosaik der Heiligen Jungfrau mit Kind anbringen lassen; jeder Besucher kann es vom Petersplatz aus heue noch sehen. »Totus tuus« steht darunter.

1987/88 beging die Kirche auf Initiative Johannes Pauls hin ein Marianisches Jahr. Diese Gelegenheit nutzte er, um das »marianische Profil der Kirche« zu betonen: Es gehe sogar »der Petrusdimension voraus« und habe den »Vorrang« vor ihr (Ansprache an die Kurie, 22.12.1987). In einer Marien-Enzyklika führte der Papst das genauer aus und wies auch auf die besondere

Bedeutung Marias für die Frauen hin. Wenn nämlich »die marianische Kirche der Jünger« den Vorrang vor der »Petruskirche der Ämter« habe, dann gebe es in der Kirche »eine fundamentale, durch die Taufe geschaffene Gleichheit der Jüngerschaft – der Frauen mit den Männern und der Laien mit dem Klerus –, die vor allen Funktionsunterschieden kommt« (George Weigel, Zeuge der Hoffnung, Paderborn 2003, S. 605).

Maria gehört untrennbar zum Geheimnis Christi

In der Kirche von damals und immer war und ist Maria vor allem jene, die »selig ist, weil sie geglaubt hat«: *Als erste hat sie geglaubt.* Vom Augenblick der Verkündigung und der Empfängnis an, seit der Stunde der Geburt im Stall von Betlehem folgte Maria Jesus Schritt für Schritt auf ihrer mütterlichen Pilgerschaft des Glaubens. Sie folgte ihm all die Jahre seines verborgenen Lebens in Nazaret, sie folgte ihm auch in der Zeit der äußeren Trennung, als er inmitten von Israel »zu handeln und zu lehren« begann (vgl. Apg 1, 1), sie folgte ihm vor allem in der tragischen Erfahrung von Golgota. Jetzt, da Maria am Beginn der Kirche mit den Aposteln im Abendmahlssaal von Jerusalem weilte, fand *ihr Glaube, der aus den Worten der Verkündigung geboren* war, seine Bestätigung. Der Engel hatte ihr damals gesagt: »Du wirst ein Kind empfangen, einen Sohn wirst du gebären; dem sollst du den Namen Jesus geben. Er wird groß sein und … über das Haus Jakob in Ewigkeit herrschen, und seine Herrschaft wird kein Ende haben«. Die gerade zurückliegenden Ereignisse von Kalvaria hatten diese Verheißung ins Dunkel gehüllt; und doch ist auch unter dem Kreuz der Glaube Marias nicht erloschen. Sie war dort immer noch jene, die (wie Abraham) »gegen alle Hoffnung voll Hoffnung« geglaubt hat (Röm 4, 18). Und siehe, nach der Auferstehung hatte die Hoffnung ihr wahres Antlitz enthüllt, und *die Verheißung hatte begonnen, Wirklichkeit zu werden.* Tatsächlich hatte Jesus ja, ehe er zum Vater zurückkehrte, den Aposteln gesagt: »Geht zu allen Völkern und macht alle Menschen zu meinen Jüngern ... Seid gewiss! Ich bin bei euch alle Tage bis zum Ende der Welt« (vgl. Mt 28, 19. 20). So hatte derjenige gesprochen, der sich durch seine Auferstehung als Sieger über den Tod erwiesen hatte, als Herrscher des Reiches, das nach der Ankündigung des Engels »kein Ende haben wird«.

Jetzt, an den Anfängen der Kirche, am Beginn ihres langen Weges im Glauben, der mit dem Pfingstereignis in Jerusalem anfing, war Maria mit allen zusammen, die den Keim des »neuen Israels« bildeten. Sie war mitten unter ihnen als außerordentliche Zeugin des Geheimnisses Christi. Und die Kirche verharrte zusammen mit ihr im Gebet und *betrachtete sie* zugleich *im Licht des ewigen Wortes, das Mensch geworden war.* So sollte es immer sein. Wenn die Kirche stets tiefer in das erhabene Geheimnis der Menschwerdung eindringt, denkt sie ja dabei in tiefer Verehrung und Frömmigkeit auch an die Mutter Christi. Maria gehört untrennbar zum Geheimnis Christi, und so gehört sie auch zum Geheimnis der Kirche von Anfang an, seit dem Tag von deren Geburt. Zur Grundlage all dessen, was die Kirche von Anfang an ist und was sie von Generation zu Generation inmitten aller Nationen der Erde unaufhörlich werden muss, gehört diejenige, die »geglaubt hat, dass sich erfüllt, was der Herr ihr sagen ließ« (Lk 1, 45). Gerade dieser Glaube Marias, der den Beginn des neuen und ewigen Bundes Gottes mit der Menschheit in Jesus Christus anzeigt, *dieser heroische Glaube »geht« dem apostolischen Zeugnis der Kirche »voran«* und bleibt im Herzen der Kirche zugegen, verborgen als ein besonderes Erbe der Offenbarung Gottes. Alle, die von Generation zu Generation das apostolische Zeugnis der Kirche annehmen, haben an diesem geheimnisvollen Erbe Anteil *und nehmen gewissermaßen teil am Glauben Marias ...*

Mit diesem Glauben, der sie besonders vom Augenblick der

Verkündigung an selig gemacht hat, ist Maria in dieser Zeit der Erwartung zugegen in der Sendung der Kirche, *zugegen im Wirken der Kirche, die das Reich ihres Sohnes in die Welt einführt.* Diese Gegenwart Marias findet heute wie in der ganzen Geschichte der Kirche vielfältige Ausdrucksweisen. Sie hat auch einen vielseitigen Wirkungsbereich: durch den Glauben und die Frömmigkeit der einzelnen Gläubigen, durch die Traditionen der christlichen Familien oder der »Hauskirchen«, der Pfarr- und Missionsgemeinden, der Ordensgemeinschaften, der Diözesen, durch die werbende und ausstrahlende Kraft der großen Heiligtümer, in denen nicht nur einzelne oder örtliche Gruppen, sondern bisweilen ganze Nationen und Kontinente die Begegnung mit der Mutter des Herrn suchen, mit derjenigen, die selig ist, weil sie geglaubt hat, die die erste unter den Gläubigen ist und darum Mutter des Immanuel geworden ist. Das ist der Ruf der Erde Palästinas, der geistigen Heimat aller Christen, weil es die Heimat des Erlösers der Welt und seiner Mutter ist. Das ist der Ruf so vieler Kirchen, die der christliche Glaube in Rom und über die ganze Welt hin die Jahrhunderte hindurch errichtet hat. Das ist auch die Botschaft der Orte wie Guadalupe, Lourdes, Fatima und der anderen in den verschiedenen Ländern, unter denen auch, wie könnte ich nicht daran denken, jener Ort meiner Heimat ist, Jasna Góra. Man könnte von einer eigenen »Geographie« des Glaubens und der marianischen Frömmigkeit sprechen, die alle diese Orte einer besonderen Pilgerschaft des Gottesvolkes umfasst, das die Begegnung mit der Muttergottes sucht, um im Bereich der mütterlichen Gegenwart »derjenigen, die geglaubt hat«, den eigenen Glauben bestärkt zu finden. *Im Glauben Marias* hat sich ja schon bei der Verkündigung und dann endgültig unter dem Kreuz von seiten des Menschen jener *innere Raum* wieder geöffnet, in welchem der ewige Vater uns »mit allem geistlichen Segen« erfüllen kann: der Raum »des neuen und ewigen Bundes« …

Die Christen wissen, dass sie ihre Einheit nur dann wahrhaft wiederfinden, wenn sie diese auf die Einheit ihres Glaubens gründen. Sie haben dabei keine geringen Unterschiede in der Lehre vom Geheimnis und vom Dienstamt der Kirche sowie manchmal auch von der Aufgabe Marias im Heilswerk zu überwinden … Wenn das Geheimnis des menschgewordenen göttlichen Wortes uns auch das Geheimnis der göttlichen Mutterschaft erkennen lässt und die Betrachtung der Gottesmutter uns ihrerseits zu einem tieferen Verständnis des Geheimnisses der Inkarnation führt, so muss man dasselbe vom Geheimnis der Kirche und von der Aufgabe Marias im Heilswerk sagen. Indem die Christen ein tieferes Verständnis des einen wie des anderen suchen und das eine durch das andere erhellen, werden sie, die darauf bedacht sind zu tun – wie ihre Mutter ihnen rät –, was Jesus ihnen sagt (vgl. Joh 2,5), gemeinsame Fortschritte machen können auf dieser »Pilgerschaft des Glaubens«, für die Maria selbst das bleibende Beispiel ist: Sie soll sie zur Einheit führen, wie sie von dem einen, allen gemeinsamen Herrn gewollt ist und von denjenigen heiß ersehnt wird, die aufmerksam auf das hören, »was der Geist heute den Kirchen sagt« (vgl. Offb 2,7.11.17).

Indessen ist es ein gutes Vorzeichen, dass diese Kirchen und kirchlichen Gemeinschaften in grundlegenden Punkten des christlichen Glaubens, auch was die Jungfrau Maria betrifft, mit der katholischen Kirche übereinstimmen. Sie erkennen sie ja als Mutter des Herrn an und sind davon überzeugt, dass dies zu unserem Glauben an Christus, den wahren Gott und wahren Menschen, gehört. Sie schauen auf sie, die zu Füßen des Kreuzes den Lieblingsjünger als ihren Sohn empfängt, der wiederum sie als Mutter erhält.

Warum also nicht alle zusammen auf sie als *unsere gemeinsame Mutter* schauen, die für die Einheit der Gottesfamilie betet und die allen »vorangeht« an der Spitze des langen Zuges von

Zeugen für den Glauben an den einen Herrn, der Sohn Gottes ist und durch den Heiligen Geist in ihrem jungfräulichen Schoß empfangen wurde?

(Enzyklika Redemptoris Mater, 25.3.1987, Nr. 26–28; 30–31)

Francisco (1908–19) und Jacinta (1910–20) Marto, die Seherkinder von Fátima

Während des Ersten Weltkriegs erschien die Jungfrau Maria 1917 in der tiefsten portugiesischen Provinz drei Kindern, die gerade die Schafe hüteten, darunter den Geschwistern Francisco und Jacinta. Sie ermunterte sie zum Beten des Rosenkranzes und vertraute ihnen bei mehreren Begegnungen Botschaften und Geheimnisse an. Um ein Ende des Krieges ging es darin, um eine künftige Bekehrung Russlands, um kommende Drangsale.

Die beiden Geschwister starben früh, was für damalige Zeiten nicht ungewöhnlich war, und die Botschaft von Fátima verbreitete sich in aller Welt. Schon Pius XII., der ausgerechnet am Tag der ersten Erscheinung von Fátima, dem 13. Mai 1917, in Rom zum Bischof geweiht worden war, maß den Botschaften große Bedeutung bei. Doch am stärksten ließ sich Johannes Paul II. auf Fátima ein. Das lag auch daran, dass 1981 ausgerechnet an einem 13. Mai, dem Tag Unserer Lieben Frau von Fátima, auf dem Petersplatz in Rom ein Attentat auf ihn verübt wurde. Der Papst überlebte und schrieb seine Rettung dem Eingreifen Mariens zu. Eine Hand habe die Kugel abgeschossen, so ein berühmter Satz Johannes Pauls, doch eine andere habe sie gelenkt. Die fatale Kugel wurde in eine Krone der Marienstatue von Fátima eingearbeitet.

Im Heiligen Jahr 2000 reiste Johannes Paul in den portugiesischen Wallfahrtsort, um Francisco und Jacinta Marto seligzusprechen. Bei derselben Gelegenheit kündigte der Vatikan die Offenlegung des »Dritten Geheimnisses von Fátima« an, das er jahr-

zehntelang unter Verschluss gehalten hatte. Der Text, der bald darauf bekannt wurde, gibt eine Vision wieder, die die Seher bei einer der Marienerscheinungen von 1917 hatten. Unter anderem ist da die Rede von einem weißgekleideten Bischof, der ermordet wird – ein Passus, den Johannes Paul auf das gescheiterte Attentat bezog.

Auch Benedikt XVI. besuchte Fátima; und Papst Franziskus hat Francisco und Jacinta Marto in Fátima 2017 genau hundert Jahre nach der ersten Erscheinung heiliggesprochen.

Nicht das Spiel des Drachens mitspielen

»Ich preise dich, Vater, [...] weil du all das den Weisen und Klugen verborgen, den Unmündigen aber offenbart hast« (Mt 11,25). Mit diesen Worten, liebe Brüder und Schwestern, lobt Jesus den Vater im Himmel für seine Pläne; er weiß, dass niemand zu ihm kommen kann, wenn ihn nicht der Vater zu ihm hinführt (vgl. Joh 6,44); und daher lobt er diesen Plan und stimmt ihm in Kindeshaltung zu: »Ja, Vater, so hat es dir gefallen« (Mt 11,26). Es hat dir gefallen, das Himmelreich den Unmündigen zu öffnen.

Nach dem göttlichen Plan ist »eine Frau, mit der Sonne bekleidet« (Offb 12,1), vom Himmel auf diese Erde herabgekommen, um die vom Vater bevorzugten Unmündigen aufzusuchen. Sie spricht mit der Stimme und dem Herzen einer Mutter zu ihnen: Sie lädt sie ein, sich als Sühneopfer darzubringen, und erklärt sich bereit, sie sicher vor Gott zu führen. Und siehe, sie sehen ein Licht von ihren Mutterhänden ausgehen, das sie bis ins Innerste durchdringt, so dass sie sich in Gott eingetaucht fühlen – wie wenn jemand sich im Spiegel betrachtet, so beschreiben sie es.

Später erklärte Francisco, einer der drei Bevorzugten: »Wir brannten in jenem Licht, das Gott ist, aber wir verbrannten nicht. Wie ist Gott? Das kann man nicht sagen. Ja, das ist etwas, das wir Menschen nicht sagen können.« Gott: ein Licht, das brennt, aber nicht verbrennt. Dieselbe Wahrnehmung hatte Mose, als er Gott im brennenden Dornbusch sah …

Was den seligen Francisco am meisten wunderte und ganz in Anspruch nahm, war Gott in jenem immensen Licht, das sie alle drei bis in ihr Innerstes durchdrungen hatte. Nur ihm jedoch zeigte sich Gott »so traurig«, wie er es ausdrückte. Eines Nachts hörte sein Vater ihn schluchzen und fragte ihn, warum er weinte; der Sohn antwortete: »Ich dachte an Jesus, der so traurig ist wegen der Sünden, die gegen ihn begangen werden.« Ein einziger – für die Denkart der Kinder so bezeichnender – Wunsch bewegt von nun an Francisco, und es ist der, »Jesus zu trösten und froh zu machen«.

In seinem Leben bringt er eine Wandlung zuwege, die man als radikal bezeichnen könnte; eine Wandlung, wie sie für Kinder seines Alters sicher nicht alltäglich ist. Er gibt sich einem intensiven geistlichen Leben hin, das sich in eifrigem und inbrünstigem Gebet niederschlägt, so dass er zu einer wahren Form mystischer Vereinigung mit dem Herrn gelangt. Und gerade das bringt ihn zu einer fortschreitenden Läuterung des Geistes durch vielerlei Verzicht auf Angenehmes, selbst unschuldige Kinderspiele.

Francisco ertrug die großen Leiden, welche die Krankheit verursachte, die zu seinem Tod führte, ohne jede Klage. Alles schien ihm wenig, um Jesus zu trösten; er starb mit einem Lächeln auf seinen Lippen. Groß war in dem kleinen Jungen der Wunsch, Sühne zu leisten für die Beleidigungen der Sünder; und so strengte er sich an, gut zu sein, und opferte Verzicht und Gebete auf. Und Jacinta, seine fast zwei Jahre jüngere Schwester, lebte von denselben Gefühlen getragen.

»Ein anderes Zeichen erschien am Himmel: ein Drache, groß und feuerrot« (Offb 12,3).

Diese Worte … lassen uns an den großen Kampf denken, der zwischen Gut und Böse stattfindet, wobei wir feststellen können, dass der Mensch, wenn er Gott auf die Seite schiebt, nicht zum Glück gelangen kann, ja letzten Endes sich selbst zerstört.

Wie viele Opfer während des letzten Jahrhunderts des zweiten Jahrtausends! Es kommen einem die Schrecken des Ersten und Zweiten Weltkriegs und vieler anderer Kriege in so vielen Teilen der Welt in den Sinn, die Konzentrations- und Vernichtungslager, die Gulags, die ethnischen Säuberungen und die Verfolgungen, der Terrorismus, die Entführung von Menschen, die Drogen, die Angriffe gegen die Ungeborenen und die Familie.

Die Botschaft von Fátima ist ein Aufruf zur Umkehr, eine Warnung an die Menschheit, nicht das Spiel des »Drachens« mitzuspielen …

Die kleine Jacinta fühlte und lebte diese Sorge der Muttergottes als ihre eigene, und sie brachte sich heldenmütig als Opfer für die Sünder dar. Eines Tages – sie und Francisco waren bereits erkrankt und gezwungen, im Bett zu liegen – kam die Jungfrau Maria, sie zu Hause zu besuchen, wie Jacinta berichtet: »Die Muttergottes kam uns besuchen und sagte, dass sie sehr bald Francisco mit sich in den Himmel nehmen werde. Und mich fragte sie, ob ich noch mehr Sünder bekehren wollte. Ich sagte ihr: Ja.« Und als für Francisco der Augenblick des Abschiednehmens gekommen ist, trägt Jacinta ihm auf: »Bringe unserem Herrn und unserer Herrin viele Grüße von mir, und sage ihnen, dass ich alles leide, was sie verlangen, um die Sünder zu bekehren.« Die Schau der Hölle bei der Erscheinung vom 13. Juli hatte in Jacinta einen solchen Eindruck hinterlassen, dass keine Abtötung und Buße zu viel war, um die Sünder zu retten.

Zu Recht könnte Jacinta mit Paulus ausrufen: »Jetzt freue ich mich in den Leiden, die ich für euch ertrage. Für den Leib Christi, die Kirche, ergänze ich in meinem irdischen Leben das, was an den Leiden Christi noch fehlt« (Kol 1,24). Vergangenen Sonntag haben wir beim Kolosseum in Rom das Gedächtnis der vielen Glaubenszeugen des 20. Jahrhunderts begangen und anhand bedeutsamer Zeugnisse, die sie uns hinterlassen haben, der Peinigungen gedacht, die sie erlitten. Eine unzählbare Schar mutiger Glaubenszeugen hat uns ein kostbares Erbe vermacht, das im dritten Jahrtausend lebendig erhalten werden muss. Hier in Fátima, wo diese Zeiten der Drangsal angekündigt worden sind und die Muttergottes zu Gebet und Buße aufforderte, um sie abzukürzen, will ich heute dem Himmel Dank sagen für die Kraft des Zeugnisses, die sich in all diesen Lebensgeschichten erwiesen hat. Und noch einmal möchte ich die Güte des Herrn mir gegenüber erwähnen, als ich, hart getroffen, an jenem 13. Mai 1981 vom Tode errettet wurde. Meine Dankbarkeit gilt auch der seligen Jacinta für die Opfer und Gebete, die sie für den Heiligen Vater darbrachte, den sie so sehr hat leiden sehen.

»Ich preise dich, Vater, weil du all das den Unmündigen offenbart hast.« Der Lobpreis Jesu nimmt heute die feierliche Form der Seligsprechung der Hirtenkinder Francisco und Jacinta an. Die Kirche will mit diesem Ritus diese zwei Kerzen auf den Leuchter stellen, die Gott entzündet hat, um die Menschheit in ihren dunklen und sorgenvollen Stunden zu erleuchten.

(Predigt bei der Seligsprechung in Fátima, 13.5.2000)

Josemaría Escrivá de Balaguer (1902–1975)

Escrivá war ein spanischer Geistlicher, dessen Anliegen darin bestand, den Glauben im konkreten Alltag zu leben, den Alltag also zu »heiligen«. Dazu gründete er die Bewegung des Opus Dei *(dt.: Werk Gottes), das sich vor allem im spanischsprachigen Raum rasant verbreitet hat, aber auch immer wieder unter Geheimbund-, ja Sektenverdacht gerät. Zu den Schwierigkeiten bei der Akzeptanz des Opus Dei hat wohl die Tatsache beigetragen, dass der Diktator Francisco Franco sich nach dem spanischen Bürgerkrieg teilweise auf das* Opus *stützte.*

»El Camino«, Der Weg: So heißt das erste und wichtigste Buch, das Escrivá seiner Bewegung an die Hand gab. Es erschien 1939 und überrascht durch seinen persönlichen Stil. Der Leser wird geduzt: »Erinnerungen möchte ich wachrufen in dir und Gedanken wecken, die dich treffen, damit dein Leben anders wird …«

Johannes Paul hatte keine Berührungsängste gegenüber dem Opus Dei, *er sorgte für eine beispiellos rasche Selig- und Heiligsprechung Escrivás. Schon 27 Jahre nach dem Tod des Geistlichen in Rom wurde er offiziell kanonisiert. Das war damals ein Rekord; allerdings gab es seitdem mehrere Heiligsprechungen mit einem noch viel kürzeren Verfahren, etwa im Fall von Johannes Paul II. selbst. Trotzdem sah sich der Vatikan genötigt, die Schnelle des Verfahrens zu rechtfertigen; eine ausführliche Chronologie listet auf der Internetseite des Vatikans die einzelnen Schritte bis zur Heiligsprechung auf (http://www.vatican.va/latest/documents/escriva_cronologia-causa_ge.html), um den Vorwurf zu entkräften, da habe man vielleicht nicht genau genug hingeschaut.*

Kritiker unterstellten dem Papst, der in seiner polnischen Heimat lange in einer Diktatur gelebt hatte, er finde sich im Gedankengut Escrivás wieder, weil dies ebenfalls unter totalitären Umständen entstanden sei. Doch wer Johannes Pauls Würdigungen Escrivás liest, findet etwas anderes, nämlich die Betonung einer gewissen

Alltagstauglichkeit des Heiligen. Mit der Heiligsprechung Escrivás gelang es dem Papst, diese von vielen beargwöhnte Bewegung vom Rand der Kirche ins Gesamte hineinzuholen. Seit der Kanonisierung Escrivás lässt sich eine Normalisierung des Opus *– oder sollte man sagen: der Berichterstattung über das* Opus*? – beobachten.*

Von der Heiligung des Alltagslebens

Beim Gründer des *Opus Dei* ragt die Liebe zum Willen Gottes hervor. Es gibt ein sicheres Anzeichen der Heiligkeit: die Treue in der Erfüllung des göttlichen Willens bis zu den letzten Konsequenzen. Mit uns allen hat Gott einen Plan, jedem vertraut er eine Sendung auf Erden an. Der Heilige kann sich selbst außerhalb des göttlichen Planes gar nicht vorstellen: Er lebt nur, um ihn zu erfüllen.

Der heilige Josemaría wurde von Gott dazu auserwählt, die allgemeine Berufung zur Heiligkeit zu verkünden und aufzuzeigen, dass das Alltagsleben, die gewöhnliche Beschäftigung, Weg der Heiligung ist. Man könnte sagen, dass er der Heilige des Alltäglichen war. In der Tat war er überzeugt, dass für den, der in einer Optik des Glaubens lebt, alles Gelegenheit zur Begegnung mit Gott ist und alles Anlass zum Gebet wird. So gesehen offenbart das Alltagsleben eine ungeahnte Größe, und die Heiligkeit wird wirklich für alle erreichbar.

Escrivá de Balaguer war ein sehr menschlicher Heiliger. Für alle, die mit ihm in Beziehung standen, ungeachtet ihrer Kultur und sozialen Stellung, war er wie ein Vater, der ganz im Dienst an den anderen aufging, denn er war überzeugt, dass jede Seele ein wunderbarer Schatz ist; in der Tat ist jeder Mensch das ganze Blut Christi wert. Diese Haltung des Dienens zeigt sich unübersehbar in seiner Hingabe an den priesterlichen Dienst und in der Großherzigkeit, mit der er den Anstoß gab zu so vielen Werken der Evangelisierung und der menschlichen Förderung zu Gunsten der Ärmsten.

Der Herr ließ ihn zutiefst die Gabe unserer Gotteskindschaft begreifen. Er lehrte das gütige Antlitz eines Vaters in Gott betrachten, der durch die verschiedensten Wechselfälle des Lebens zu uns spricht. Ein Vater, der uns liebt, der uns Schritt für Schritt folgt und uns beschützt, uns versteht und von einem jeden von uns die Antwort der Liebe erwartet …

Der heilige Josemaría war tief davon überzeugt, dass das christliche Leben eine Sendung und ein Apostolat beinhaltet: Wir leben in der Welt, um sie mit Christus zu erlösen. Er liebte die Welt leidenschaftlich, mit einer »erlösenden Liebe« (vgl. *Katechismus der Katholischen Kirche*, 604). Exakt aus diesem Grund hat seine Lehre so vielen gewöhnlichen Gläubigen geholfen, die erlösende Kraft des Glaubens zu entdecken, seine Fähigkeit, die Erde umzugestalten. Diese Botschaft wirkt sich vielfältig und fruchtbar auf die Evangelisierungsaufgabe der Kirche aus. Sie fördert die Verchristlichung der Welt »von innen her« und zeigt, dass es keinen Gegensatz geben kann zwischen dem göttlichen Gesetz und den Anforderungen des echten menschlichen Fortschritts. Dieser heiligmäßige Priester lehrte, dass Christus an die Spitze aller menschlichen Tätigkeiten gestellt werden muss (vgl. Joh 12, 32).

Seine Botschaft treibt den Christen an, dort tätig zu werden, wo die Zukunft der Gesellschaft gestaltet wird. Die aktive Präsenz der Laien in allen Berufen und an den vordersten Fronten der Entwicklung kann sich nur positiv auswirken auf die Stärkung jener Harmonie von Glaube und Kultur, die eine der dringendsten Notwendigkeiten unserer Zeit darstellt.

Der heilige Josemaría Escrivá hat sein Leben eingesetzt für den Dienst an der Kirche. In seinen Schriften finden die Priester, die auf verschiedensten Wegen gehenden Laien und die Ordensleute eine anregende Inspirationsquelle.

(Ansprache, 7.10.2002)

Die Welt von innen her verwandeln

»*Im Leben eines gläubigen Christen*«, sagte Josemaría Escrivá gern, »*ist Gott immer zugegen – und zwar in jedem Augenblick, wenn er arbeitet oder sich erholt, wenn er betet oder schläft*« (*Betrachtungen*, 3. März 1954). Diese übernatürliche Sicht des Lebens öffnet weite und reiche Horizonte des Heils. Denn Gott kommt uns nahe auch in den scheinbar einförmigen Umständen normaler irdischer Vorgänge, und wir können an seinem Heilsplan mitwirken …

Die Welt zu Gott erheben und sie von innen her verwandeln: Das ist das Ideal, das der heilige Gründer euch vorstellt, liebe Brüder und Schwestern, die ihr euch heute über seine Erhebung zur Ehre der Altäre freut. Er erinnert euch weiterhin daran, dass ihr euch nicht von einer materialistischen Kultur einschüchtern lassen dürft, die die innerste Identität der Jünger Christi aufzulösen droht. Er wiederholte gerne und kraftvoll, dass der christliche Glaube sich dem Konformismus und der inneren Trägheit widersetzt …

Gewiss, wer der Sache des Evangeliums treu zu dienen sucht, dem fehlt es nicht an Unverständnis und Schwierigkeiten. Der Herr reinigt und formt mit der geheimnisvollen Kraft des Kreuzes diejenigen, die er in seine Nachfolge beruft; doch im Kreuz – so sagte es der neue Heilige immer wieder – finden wir Licht, Frieden und Freude: *Lux in Cruce, requies in Cruce, gaudium in Cruce*!

(Predigt bei der Heiligsprechung, 6.10.2002)

Birgitta von Schweden (um 1303–1373)

Heilig gesprochen wurde sie schon 1391 – doch für viele Katholiken ist diese originelle Heilige des 14. Jahrhunderts heute eine Unbekannte. Dabei wurde sie 1999 von Johannes Paul II. während einer Sonder-Bischofssynode, die ganz der Kirche in Europa gewidmet war, zur Schutzpatronin Europas erhoben, zusammen mit zwei anderen Frauen, nämlich Katharina von Siena (die mit Birgitta viel gemeinsam hat) und Edith Stein.

Birgitta hatte ein ungewöhnliches Leben: Visionen schon im Alter von zehn Jahren, mit vierzehn unter der Haube, acht Kinder. Hofmeisterin, Erzieherin einer Königin, aber entsagungsvoll lebend. Ständig auf Achse quer durch Europa, ja bis ins Heilige Land. Eine Ordensgründerin, die himmlische Botschaften diktierte, zwischen streitenden Staaten vermittelte, den Papst zur Rückkehr von Avignon nach Rom aufforderte und Breitseiten gegen einen lasterhaften Klerus abschoss.

Powerfrau würden wir sie heute nennen. Dabei kannte Birgitta durchaus auch Glaubenskrisen und Misserfolge. Johannes Paul II. wurde wohl spätestens bei seiner Schwedenreise 1989 – der ersten eines Papstes – auf sie aufmerksam. Übrigens war Birgitta auch eine Schutzpatronin der freien polnischen Gewerkschaft Solidarność, *der der Papst nahestand. In Johannes Pauls Augen steht die Schwedin emblematisch für »den äußersten Norden Europas« – und gleichzeitig für die Einheit des Kontinents (Apostolisches Schreiben Spes Aedificandi, 1.10.1999, Nr. 3).*

Ehefrau, Pilgerin, Prophetin

Birgitta stammte aus einer Adelsfamilie und wurde im Jahr 1303 in Finsta in der schwedischen Region Uppland geboren. Sie ist vor allem als Mystikerin und Gründerin des Ordens des Heiligsten Erlösers bekannt. Man darf jedoch nicht vergessen, dass sie in der ersten Lebenshälfte dem Laienstand angehörte und mit einem frommen Christen glücklich verheiratet war, von dem sie acht Kinder hatte. Wenn ich auf sie als Mitpatronin Europas hinweise, möchte ich damit bewirken, dass sich ihr nicht nur diejenigen nahe fühlen, die die Berufung zu einem besonderen geistlichen Stand empfangen haben, sondern auch jene, die als Laien ihren gewöhnlichen Tätigkeiten in der Welt nachgehen und denen vor allem die hohe und verpflichtende Berufung zukommt, eine christliche Familie zu bilden. Ohne sich vom Wohlstandsleben ihrer gesellschaftlichen Klasse beirren zu lassen, lebte Birgitta mit ihrem Gemahl Ulf die Erfahrung eines Ehepaares, bei dem sich die eheliche Liebe mit intensivem Gebet, Studium der Heiligen Schrift, Abtötung und Nächstenliebe verband. Gemeinsam gründeten die Eheleute ein kleines Spital, wo sie häufig den Kranken Beistand leisteten. Birgitta hatte es sich sodann zur Gewohnheit gemacht, persönlich den Armen zu dienen. Zugleich wurde sie wegen ihrer pädagogischen Gaben geschätzt, die sie besonders dann entfalten konnte, wenn man sie am Hof von Stockholm um ihren Dienst ersuchte. Aus dieser Erfahrung sollten die Ratschläge heranreifen, die sie bei verschiedenen Gelegenheiten Fürsten und Herrschern für die richtige Erfüllung ihrer Aufgaben erteilte. Aber an erster Stelle kam diese Fähigkeit natürlich ihren Kindern zugute, und es ist kein Zufall, dass eine ihrer Töchter, Katharina, als Heilige verehrt wird.

Doch diese Periode ihres Familienlebens war nur eine erste Etappe. Die Wallfahrt nach Santiago de Compostela, die sie 1341 zusammen mit ihrem Ehemann Ulf unternahm, bildete den symbolischen Abschluss dieser Phase. Für Birgitta war sie die Vorbereitung auf das neue Leben, das sie einige Jahre später begann, als sie nach dem Tod des Gatten die Stimme Christi vernahm, der ihr eine neue Sendung übertrug, während er sie durch eine Reihe außerordentlicher mystischer Gnaden Schritt für Schritt begleitete.

Nachdem sie 1349 Schweden verlassen hatte, ließ sich Birgitta in Rom nieder, dem Sitz des Nachfolgers Petri. Der Umzug nach Italien stellt einen Abschnitt in Birgittas Leben dar, der nicht für die geographische und kulturelle, sondern vor allem für die spirituelle Erweiterung ihres Geistes und Herzens entscheidend war. Viele Orte Italiens haben sie als Pilgerin gesehen, deren tiefster Wunsch es war, die Reliquien der Heiligen zu verehren. Orte, die davon erzählen können, sind: Mailand, Pavia, Assisi, Ortona, Bari, Benevento, Pozzuoli, Neapel, Salerno, Amalfi und das Heiligtum des heiligen Erzengels Michael auf dem Monte Gargano. Die letzte Wallfahrt, die sie zwischen 1371 und 1372 unternahm, führte sie nach Überquerung des Mittelmeeres in Richtung Heiliges Land und gestattete ihr, außer den vielen heiligen Stätten des katholischen Europa die eigentlichen Quellen des Christentums gleichsam geistlich zu umarmen, die als Orte vom Leben und Tod des Erlösers geheiligt sind.

Noch mehr als durch dieses fromme Wallfahrten hat Birgitta aber durch den tiefen Sinn für das Geheimnis Christi und der Kirche in einem äußerst kritischen Augenblick ihrer Geschichte am Aufbau der kirchlichen Gemeinschaft mitgewirkt. Die innige Verbundenheit mit Christus war nämlich begleitet von besonderen Offenbarungscharismen, die sie zu einem Bezugspunkt machte, an dem sich viele Personen der Kirche ihrer Zeit ausrichteten. In Birgitta spürt man die Kraft der Prophetie. Die Töne, die sie anschlägt, erscheinen manchmal wie ein Echo der Stimmen der großen alten Propheten. Sicher und entschlossen spricht sie zu Fürsten und Päpsten. Ihnen enthüllt sie die Pläne Gottes in Bezug auf die geschichtlichen Ereignisse. Sie spart auch nicht mit strengen Ermahnungen, was die sittliche Erneuerung des christlichen Volkes und selbst des Klerus betrifft (vgl. *Revelationes, IV. 49*; vgl. auch *IV, 5*). Manche Aspekte ihres außergewöhnlichen mystischen Schaffens lösten in der damaligen Zeit verständliche Fragen aus. Ihnen gegenüber verwies die Prüfung durch die Kirche auf die einzige öffentliche Offenbarung, die in Christus ihre Erfüllung und in der Heiligen Schrift ihren maßgebenden Ausdruck gefunden hat. Denn auch die Erfahrungen der großen Heiligen sind nicht frei von jenen Grenzen, die den Empfang der Stimme Gottes durch den Menschen immer begleiten.

Es besteht jedoch kein Zweifel, dass die Kirche, als sie die Heiligkeit Birgittas anerkannte, die Authentizität ihrer inneren Erfahrung insgesamt billigte, auch ohne sich zu den einzelnen Offenbarungen zu äußern. Sie erscheint als eine bedeutende Zeugin des Raumes, den das Charisma in der Kirche haben kann, wenn es in voller Fügsamkeit gegenüber dem Geist Gottes und in voller Übereinstimmung mit den Ansprüchen der kirchlichen Gemeinschaft gelebt wird. Insbesondere nachdem sich die skandinavischen Länder, also die Heimat Birgittas, im Verlauf der traurigen Geschehnisse des 16. Jahrhunderts aus der vollen Gemeinschaft mit dem Römischen Stuhl losgelöst hatten, bleibt die Gestalt der schwedischen Heiligen ein wertvolles ökumenisches »Band«, das den Einsatz noch verstärkt, den ihr Orden in diesem Sinne leistet.

(Apostolisches Schreiben Spes Aedificandi, in dem Birgitta von Schweden zur Patronin Europas proklamiert wird, 1.10.1999)

Eine vollständig selbstverwirklichte Frau

Durch die Proklamation der heiligen Birgitta zur Mitpatronin Europas wollte ich den Gläubigen dieses Kontinents ein einzigartiges Beispiel »fraulicher Heiligkeit« vor Augen stellen. Nachdem sie glückliche Jahre als treue Ehefrau, vorbildliche Mutter und weise Erzieherin erfahren hatte, durchlebte sie eine heilige Witwenschaft und gelangte schließlich im Hafen des geweihten Lebens an. In jeder Lebensphase vermochte sie eine kluge Verbindung herzustellen zwischen Kontemplation und aktivem Tun in vielen Lebensbereichen, wobei sie stets von der Liebe zu

Christus und zur Kirche getragen wurde. In die christliche Gemeinschaft ihrer Zeit brachte sie frauenspezifische Gaben ein, und als vollständig selbstverwirklichte Frau stellte sie sich in den Dienst ihrer Brüder und Schwestern.

Ihr Beispiel kann für die heutigen Frauen ein starker Ansporn sein, als Protagonisten in Erscheinung zu treten in einer Gesellschaft, in der ihre Würde umfassend geachtet wird; eine Gesellschaft, die Mann und Frau auf gleicher Ebene des universalen göttlichen Planes für die Menschheit als Hauptpersonen betrachtet. Man muss nur die Biografie dieser Frau durchgehen, die höchste Kontemplation mit mutigster apostolischer Initiative in sich zu vereinen verstand, um sich bewusst zu machen, dass Birgitta auch den heutigen Frauen nützliche Hinweise geben kann, wie die Probleme bezüglich der Familie, der christlichen Gemeinschaft, ja sogar der Gesellschaft am besten angegangen werden können.

(Brief an die Generaläbtissin des Birgittenordens vom Heiligsten Erlöser, 21.9.2002)

Maximilian Kolbe (1894–1941)

Er war einer der großen Heiligen des zwanzigsten Jahrhunderts, und doch schieden sich im Vatikan an ihm die Geister: Maximilian Kolbe, der polnische Priester, der im KZ Auschwitz-Birkenau freiwillig in den Hungerbunker ging, um einem Familienvater das Leben zu retten. Das Problem für die vatikanischen Heiligkeits-Prüfer bestand darin, dass Kolbe kein »richtiger« Märtyrer war. Er erfüllte nicht das Kriterium, aus »Hass auf den Glauben« (odium fidei*) hingerichtet worden zu sein, schließlich hatte der Lagerkommandant Fritzsch einfach nur genickt, als Kolbe sein Opfer anbot, ohne dabei expliziten Hass auf Priester zu zeigen. Kein Märtyrer – also kein richtiger Heiliger?*

Als 1978 ein Pole zum Papst gewählt wurde, dämmerte auch der vatikanischen Heiligenkongregation, dass man einer Kanonisierung Kolbes nun keine Steine mehr in den Weg legen konnte. Die Frage nach dem Märtyrerstatus allerdings blieb. Johannes Paul II. wollte sich nicht damit abfinden, Pater Kolbe »nur« als Bekenner zu würdigen. Er war Erzbischof von Krakau gewesen, Auschwitz hatte zu seinem Bistum gehört, und er hatte immer wieder im Hungerbunker auf dem Gelände des früheren KZ gebetet. In Maximilian Kolbe sah er einen Märtyrer par excellence – *einen Zeugen des Glaubens* in extremis, *mitten in der Hölle von Auschwitz. Er beauftragte also eine Kommission damit, herauszufinden, ob Kolbe nicht doch als Märtyrer anerkannt werden könnte – wie das auch dem Wunsch der deutschen und polnischen Bischöfe entsprach.*

Doch die Kommission fällte ein negatives Urteil: Bekenner ja, Märtyrer nein. Der Papst aus Polen aber setzte sich schließlich darüber hinweg. Er zog bei der Heiligsprechung Kolbes am 10. Oktober 1982 mit einem roten Messgewand auf dem Petersplatz ein. Rot – die Farbe der Märtyrer. Und er erklärte in seiner Predigt ausdrücklich, dass Kolbe »nunmehr auch als Märtyrer verehrt werden« könne. Das war ein wichtiger Paradigmenwechsel: Das Kriterium für das Märtyrertum war entscheidend erweitert worden. Ein System, das den Menschen verachtete, war auch gegen Gott gerichtet, so argumentierte Johannes Paul. Menschenhass gleich Gotteshass. Das machte nicht nur Maximilian Kolbe, dieses Opfer des Menschenhasses, zu einem Märtyrer; es rückt auch viele Opfer der Nazis und der totalitären Systeme des 20. Jahrhunderts in die Nähe des Märtyrertums.

An der Heiligsprechung nahm übrigens auch der Familienvater teil, für den sich Kolbe geopfert hatte.

Der Sieg des Menschen in Auschwitz

»... der Sieg, der die Welt besiegt hat, ist unser Glaube« (1 Joh 5,4).

Diese Worte aus dem Brief des Apostels Johannes kommen mir in den Sinn, und sie ergreifen mich zutiefst, wenn ich an diesem Ort weile, an dem ein besonderer menschlicher Sieg durch Glauben errungen wurde. Durch den Glauben, der die Liebe zu Gott und zum Nächsten weckt, eine einzige Liebe, die »größte« Liebe – die, welche bereit ist, »das Leben für die Freunde hinzugeben« (vgl. Joh 15,13; 10,11). Es war also ein Sieg durch Liebe, die den Glauben zum äußersten, letzten Zeugnis befähigt.

Dieser Sieg durch Glaube und Liebe wurde an diesem Ort von einem Mann errungen, der den Namen Maximilian Maria trägt. Sein Familienname ist: Kolbe; »von Beruf« (wie es in den Registern des Konzentrationslagers verzeichnet steht): katholischer Priester; seine Berufung: Sohn des heiligen Franziskus; von Geburt: Sohn einfacher, arbeitsamer und frommer Eltern, Weber aus der Umgebung von Łódź; durch Gottes Gnade und nach dem Urteil der Kirche: Seliger.

Diesen Sieg durch Glaube und Liebe hat dieser Mann an diesem Ort errungen, der im Zeichen der Leugnung des Glaubens – des Glaubens an Gott und des Glaubens an den Menschen – und einer radikalen Verhöhnung nicht nur der Liebe, sondern von allem, was dem Menschen und der Menschheit heilig ist, errichtet wurde. Diese Anlage wurde auf dem Fundament des Hasses und der Verachtung des Menschen errichtet, im Namen einer entarteten Ideologie. Sie wurde auf Grausamkeit gebaut. Zu ihr führt ein heute noch vorhandenes Tor mit der zynischen Inschrift »Arbeit macht frei«, denn zu ihrer Aussage stand die Wirklichkeit in einem radikalen Widerspruch.

An diesem Ort schrecklicher Qual, die vier Millionen Menschen verschiedener Nationen den Tod brachte, hat Pater Maximilian einen geistigen Sieg errungen, der dem Sieg Christi ähnlich ist, indem er freiwillig den Tod im Hungerbunker auf sich nahm – für einen Bruder. Dieser Bruder lebt noch heute in Polen und ist hier bei uns …

An diesem Ort, wo die Würde des Menschen auf so schreckliche Weise mit Füßen getreten wurde – der Sieg des Menschen!

Kann sich eigentlich noch jemand wundern, dass der Papst, der in diesem Land geboren und erzogen wurde, der Papst, der auf den Sitz des heiligen Petrus aus jener Diözese kam, in deren Gebiet das Lager Auschwitz liegt, seine erste Enzyklika mit den Worten *Redemptor hominis* (Erlöser des Menschen) begonnen hat – und dass er sie insgesamt der Sache des Menschen widmete, der Würde des Menschen, seinen Gefährdungen, schließlich seinen Rechten? Unveräußerlichen Rechten, die so leicht mit Füßen getreten und zunichte gemacht werden können – durch den Menschen! Es genügt, ihn in eine andere Uniform zu stecken, ihm einen Gewaltapparat und Vernichtungsmittel zur Verfügung zu stellen, es genügt, ihm eine Ideologie aufzudrängen, in der die Rechte des Menschen den Erfordernissen des Systems unterworfen werden, so vollständig, dass sie faktisch nicht existieren.

Ich komme heute als Pilger hierher. Man weiß, dass ich oft hier war – wie oft! Oft bin ich in die Todeszelle von Maximilian Kolbe hinabgestiegen, habe ich vor der Todesmauer gekniet und bin zwischen den Trümmern der Krematorien von Birkenau umhergegangen. Ich konnte als Papst den Besuch hier nicht auslassen.

Ich komme also zu diesem besonderen Heiligtum, in dem sozusagen der Patron unseres so schweren Jahrhunderts geboren wurde …

Aber ich bin nicht nur gekommen, um den Patron unseres Jahrhunderts zu ehren. Ich bin hier, um mich gemeinsam mit euch, unabhängig davon, was euer Glaube ist, noch einmal der Frage nach dem Menschen zu stellen.

Ich komme, um gemeinsam mit euch allen zu beten, die ihr heute hierhergekommen seid – gemeinsam mit ganz Polen und mit ganz Europa. Christus will, dass ich als Nachfolger des Petrus vor der Welt Zeugnis gebe für das, was die Größe des Menschen unserer Zeit ausmacht – und was sein Elend. Was seine Niederlage und was sein Sieg ist.

So komme ich also und beuge meine Knie auf diesem Golgota unserer Zeit …

(Predigt auf dem Gelände des früheren KZ Auschwitz-Birkenau, 7.6.1979)

Ein schwieriges Programm, aber ein mögliches

Was bedeutet es, dass die Liebe mächtiger ist als der Tod? Das bedeutet auch: »Lass dich nicht vom Bösen besiegen, sondern besiege das Böse durch das Gute!« (Röm 12,21) Diese Worte erklären die Wahrheit über Pater Maximilians Tat in Auschwitz in verschiedenen Dimensionen: in der Dimension des täglichen Lebens, in der Dimension eines schwierigen historischen Augenblicks, in der Dimension des 20. Jahrhunderts und vielleicht auch der Zeiten, die heraufziehen … Wir wollen das christliche Erbe des Polentums um die ergreifende Beredtheit seiner Tat in Auschwitz bereichern: »Lass dich nicht vom Bösen besiegen, sondern besiege das Böse durch das Gute!« Ein schwieriges Programm, aber ein mögliches.

(Predigt in Niepokalanów/Polen, 18.6.1983)

Juan Diego (um 1474–1548)

Sein aztekischer Geburtsname ist fast nicht auszusprechen: Cuauhtlatoatzin. Wenige Jahre, nachdem die Spanier sein Volk unterworfen haben, lässt er sich zusammen mit seiner Frau taufen, Taufname Juan Diego. 1531 erscheint ihm an vier aufeinanderfolgenden Tagen Maria, spricht zu ihm in der Sprache seines Indio-Volkes und schickt ihn zum Bischof mit dem Auftrag, am Ort der Erscheinung solle eine Kirche gebaut werden. Juan Diego zögert, doch die himmlische Besucherin weist sich dem Bischof gegenüber aus: Auf dem Poncho, dem einfachen Umhang des Indios, erscheint ihr Bild. Daraufhin wird tatsächlich eine Kapelle errichtet, in der Juan Diego bis zu seinem Tod lebt – als Beter und als Zeuge des Vorgefallenen.

Heute ist Guadalupe der größte Wallfahrtsort der Welt. Alles kreist hier, am Rand der Millionenmetropole Mexiko-Stadt, um den Poncho des Juan Diego, um das Bild, das Maria als Eingeborene zeigt und das in zahllosen Details an die Glaubensvorstellungen der Azteken anknüpft. Hier wird verständlich, wie ein ganzer Kontinent binnen kürzester Zeit für das Christentum gewonnen werden konnte.

Johannes Paul II., dem Mexiko besonders am Herzen lag (dem Land galt seine erste Auslandsreise als Papst, noch bevor er in seine polnische Heimat flog), sprach Juan Diego 1990 selig und bei einem späteren Mexikobesuch zwölf Jahre später auch heilig. Der Seher von Guadalupe wurde dadurch zum ersten heiligen Ureinwohner Lateinamerikas. Auch Papst Franziskus, der erste Papst aus Lateinamerika, ist ein besonderer Verehrer Unserer Lieben Frau von Guadalupe. An ihrem Festtag feiert er jedes Jahr eine Messe für Lateinamerika im Petersdom, und 2016 besuchte er den Wallfahrtsort – und würdigte in seiner Predigt, aus der Sie hier ebenfalls einen Ausschnitt finden, ausführlich auch »Juanito«, den »kleinen Juan«.

Begegnung zwischen zwei Welten

Mit großer Freude bin ich zu dieser Basilika von Guadalupe, dem marianischen Herzen Mexikos und Amerikas, gepilgert, um die Heiligkeit von Juan Diego Cuauhtlatoatzin zu verkünden, des einfachen und demütigen Indios, der das milde und reine Gesicht der Jungfrau von Tepeyac, die der Bevölkerung Mexikos so sehr am Herzen liegt, betrachtete …

Wie war Juan Diego? Warum richtete Gott seinen Blick auf ihn? Das Buch Jesus Sirach … lehrt uns folgendes: »Groß ist die Macht Gottes, und von den Demütigen wird er verherrlicht« (Sir 3,20) …

Es ist bewegend, die Erzählungen von Guadalupe zu lesen, denn sie sind mit großem Feingefühl geschrieben und voller Empfindsamkeit. In ihnen offenbart sich die Jungfrau Maria, die Magd, die »den Herrn preist« (vgl. Lk 1, 46), dem Juan Diego als Mutter des wahren Gottes. Als Zeichen schenkt sie ihm einige kostbare Rosen: Als er sie seinem Bischof zeigt, entdeckt er auf seinem Mantel das gesegnete Bildnis Unserer Lieben Frau.

»Das Ereignis von Guadalupe« – so betonte der mexikanische Episkopat – »bedeutete den Beginn der Evangelisierung mit einer Vitalität, die alle Erwartungen übertraf. Die Botschaft Christi, durch seine Mutter übermittelt, nahm die zentralen Elemente der einheimischen Kultur auf, reinigte sie und gab ihnen ihre endgültige Heilsbedeutung« (vgl. 14. Mai 2002, Nr. 8). Deshalb besitzen Guadalupe und Juan Diego einen tiefen kirchlichen und missionarischen Sinn; sie sind das Vorbild einer auf vollkommene Weise inkulturierten Evangelisierung …

Juan Diego nahm die christliche Botschaft an, ohne dabei seine Identität als Ureinwohner aufzugeben; so entdeckte er die tiefe Wahrheit der neuen Menschheit, in der alle dazu berufen sind, Kinder Gottes zu sein. Auf diese Weise erleichterte er die fruchtbringende Begegnung zwischen zwei Welten und wurde zu einem Protagonisten der neuen mexikanischen Identität. Diese steht in ganz enger Verbindung zur Jungfrau von Guadalupe, deren mestizisches Gesicht ihre geistige Mutterschaft zum Ausdruck bringt, die alle Mexikaner einschließt. Daher muss sein Lebenszeugnis auch in Zukunft dem Aufbau der mexikanischen Nation Kraft schenken, die Brüderlichkeit unter allen ihren Söhnen und Töchtern fördern und die Versöhnung Mexikos mit seinen Ursprüngen, seinen Werten und seinen Traditionen immer weiter voranbringen …

Gesegneter Juan Diego, guter und christlicher Indio, den das einfache Volk immer als wahren Heiligen angesehen hat, wir bitten dich, die in Mexiko pilgernde Kirche zu begleiten, damit sie ihren Auftrag der Mission und der Evangelisierung Tag für Tag besser erfülle …

Geliebter Juan Diego, »sprechender Adler«! Zeig uns den Weg, der zur »Virgen Morena del Tepeyac« führt …

(Predigt bei der Heiligsprechung, 31.7.2002)

Das Heiligtum Gottes ist das Leben seiner Kinder

Maria, die Frau des »Ja«, wollte in der Person des heiligen Indios Juan Diego auch die Bewohner dieses Gebietes von Amerika besuchen. Genauso wie sie sich auf den Wegen von Judäa und Galiläa bewegte, ging sie auch auf den Tepeyac, indem sie die Kleidung der Einheimischen trug und ihre Sprache gebrauchte, um dieser großen Nation zu dienen. Und genauso wie sie die Schwangerschaft von Elisabet begleitete, begleitete und begleitet sie die »Schwangerschaft« dieses gesegneten mexikanischen Landes. Ebenso, wie sie für den kleinen Juanito gegenwärtig wurde, ist sie immer noch bei uns allen zugegen, besonders bei denen, die wie er spüren, dass sie »nichts wert« sind (*Nican Mopohua*, 55). Diese besondere, sagen wir: bevorzugte Erwählung richtete sich gegen niemanden, sondern war zum Nutzen aller. Der kleine Indio Juan, der sich selbst als »*mecapal*, Holzscheit, Schweif, Flügel« und als einen, »der anderen unterworfen ist«, bezeichnete, (vgl. ebd.) wurde zum »sehr vertrauenswürdigen Botschafter«.

Bei jenem Tagesanbruch im Dezember 1531 geschah das erste Wunder, das später die lebendige Erinnerung all dessen sein sollte, was dieses Heiligtum hütet. In dieser Morgendämmerung, bei dieser Begegnung, weckte Gott die Hoffnung seines Sohnes Juan, die Hoffnung eines Volkes. Bei diesem Sonnenaufgang weckte und weckt Gott die Hoffnung der Kleinen, der Leidenden, der Vertriebenen und der Ausgeschlossenen, all derer, die empfinden, keinen würdigen Platz auf dieser Erde zu haben. Bei diesem Sonnenaufgang näherte und nähert sich Gott dem leidenden, aber belastbaren Herzen vieler Mütter, Väter, Großeltern, die gesehen haben, wie ihre Kinder fortzogen, verloren gingen oder ihnen sogar verbrecherisch entrissen wurden.

An diesem frühen Morgen erfährt Juanito in seinem eigenen Leben, was Hoffnung ist, was die Barmherzigkeit Gottes ist. Er wird erwählt, um den Bau dieses Heiligtums zu beaufsichtigen, zu betreuen, zu bewachen und voranzutreiben. Wiederholte Male sagte er der Jungfrau Maria, dass er nicht die geeignete Person dafür sei, dass sie im Gegenteil, wenn sie dieses Werk voranbringen wolle, andere erwählen müsse, weil er nicht gebildet und gelehrt sei und nicht zur Gruppe derer gehöre, die dies tun könnten. Hartnäckig jedoch – mit der Hartnäckigkeit, die dem erbarmungsvollen Herzen des himmlischen Vaters entspringt – sagt Maria ihm, dass er ihr Botschafter sein werde.

So gelingt es ihr, etwas zu erwecken, das er nicht auszudrücken vermochte, ein echtes Wahrzeichen der Liebe und der Gerechtigkeit: Im Bau dieses anderen Heiligtums, dem des Lebens, dem unserer Gemeinschaften, Gesellschaften und Kulturen darf niemand draußen bleiben. Alle sind wir notwendig, besonders diejenigen, die normalerweise nichts gelten, weil sie

»den Gegebenheiten nicht gewachsen« sind oder weil sie nicht »das nötige Kapital einbringen« für deren Aufbau. Das Heiligtum Gottes ist das Leben seiner Kinder – aller und in allen ihren Lebenslagen …

Wenn wir zu diesem Heiligtum kommen, kann uns dasselbe passieren, das Juan Diego passierte. Aus unseren Leiden, Ängsten, Verzweiflungen und Traurigkeiten auf die Mutter zu blicken und ihr zu sagen: »Was kann ich schon beisteuern, wenn ich kein Gelehrter bin?« Wir schauen auf die Mutter mit Augen, die sagen: Es gibt so viele Situationen, die uns die Kraft nehmen, die uns spüren lassen, dass es keinen Raum gibt für Hoffnung, für Veränderung, für Verwandlung.

Darum glaube ich, dass uns heute ein wenig Stille gut tut, auf sie zu schauen, sie lange und ruhig anzuschauen und zu ihr zu sprechen … Und in diesem Schweigen, in diesem auf sie schauenden Verweilen einmal mehr zu hören, dass sie wieder zu uns sagt: »Was hast du, mein kleinster Sohn? Was betrübt dein Herz? (vgl. *Nican Mopohua* 107.118) Bin ich denn nicht hier, ich, die ich die Ehre habe, deine Mutter zu sein?« (ebd. 119).

Sie sagt uns, dass sie die »Ehre« hat, unsere Mutter zu sein. Das gibt uns die Gewissheit, dass die Tränen der Leidenden nicht unfruchtbar sind. Sie sind ein schweigendes Gebet, das zum Himmel aufsteigt und bei Maria unter ihrem Mantel immer einen Platz findet. In ihr und mit ihr wird Gott Bruder und Weggefährte, trägt mit uns die Kreuze, damit wir von unseren Leiden nicht erdrückt werden.

(Franziskus, Predigt in Guadalupe, 13.2.2016)

Bernadette Soubirous (1844–1879)

Franz Werfel hat sie zu einem aufwühlenden Roman verarbeitet, Émile Zola und das aufgeklärte Europa haben darüber gespöttelt, und für Hunderttausende von Kranken sind sie bis heute ein Grund dazu, in die entlegenste französische Provinz zu pilgern: die Marienerscheinungen von Lourdes. 1858 spricht eine Dame in Weiß in einer Grotte das Mädchen Bernadette Soubirous an, behandelt die Kleine mit ausgesuchter Höflichkeit, lässt eine Quelle im Hintergrund der Höhle entspringen, deren Wasser sich später als wundertätig herausstellt, und sagt erst auf Bernadettes Drängen ihren Namen ... auf Patois, dem örtlichen Dialekt. Eine erstaunliche Geschichte, die das verschlafene Pyrenäennest Lourdes gehörig durcheinanderwirbelt. Bernadette wird aus dem Ort in ein Kloster abgeschoben und stirbt jung; Geschäftemacher wittern das große Geld mit den Kranken, der Kitsch umschnürt die Erscheinungsstelle immer enger, doch bis heute kommt es tatsächlich immer wieder zu plötzlichen, kaum erklärlichen Heilungen.

Johannes Paul II. nahm das Phänomen von Lourdes 1992 zum Anlass, am 11. Februar, dem Jahrestag der ersten Erscheinung und Fest Unserer Lieben Frau von Lourdes, einen kirchlichen Welttag der Kranken einzurichten. Und je älter und gebrechlicher der Papst wurde, desto näher fühlte er sich den Kranken, die zur Grotte von Massabielle pilgern. Am Ende seines Pontifikats, nach ungefähr hundert Auslandsreisen, reiste der von der Parkinson-Krankheit deutlich gezeichnete, fast nicht mehr geh- und sprechfähige Papst noch einmal nach Lourdes, um dort zur allgemeinen Überraschung zu erklären, dass er nunmehr »das Ziel meiner Pilgerfahrt erreicht« habe. Gemeint war damit nicht nur diese konkrete Visite, sondern die Pilgerfahrt seines Lebens überhaupt. Tatsächlich reiste er, der lange als »Eiliger Vater« gegolten hatte, nach seinem Lourdes-Besuch nirgendwo mehr hin; acht Monate später ging er, wie es der Vatikan etwas pathetisch formulierte, »ins Haus des Vaters ein«.

Auch eine Predigt von Papst Benedikt XVI. haben wir in dieses Kapitel aufgenommen – und zwar nicht nur deswegen, weil er bei einer Messfeier vor der Grotte einige schöne Formulierungen zur Gestalt der heiligen Bernadette gefunden hat (siehe unten). Der deutsche Papst ist mit Lourdes auch noch auf eine andere Weise verbunden: Es war an einem 11. Februar (und zwar im Jahr 2013), dass er zur allgemeinen Überraschung, ja Bestürzung seinen Rückzug aus dem Petrusdienst ankündigte.

Die Erfahrung des Leidens besser verstehen

Am 18. Februar 1858 sagte die Muttergottes in Lourdes zu Bernadette: »Ich verspreche dir nicht, dass du in dieser Welt glücklich sein wirst, sondern in der anderen.« Während einer weiteren Erscheinung forderte Maria sie auf, ihren Blick zum Himmel zu wenden. Hören wir erneut diese Aufforderungen der himmlischen Mutter, so als seien sie an uns gerichtet: Sie sind eine Einladung, die irdischen Wirklichkeiten richtig zu werten in dem Wissen, dass wir zu einem ewigen Dasein bestimmt sind. Sie sind eine Hilfe, um in der Perspektive des Paradieses die Widrigkeiten, Schmerzen und Krankheiten geduldig zu ertragen. Zuweilen schien der Gedanke an das Paradies manchen Menschen wie eine Flucht aus der konkreten Alltäglichkeit; im Gegenteil: Das Licht des Glaubens lässt den Menschen die harte Erfahrung des Leidens besser verstehen und daher bewusster akzeptieren. Sogar die heilige Bernadette, von Krankheit schwer geprüft, rief eines Tages: »Kreuz meines Erlösers, heiliges Kreuz, anbetungswürdiges Kreuz, nur in dich lege ich meine Kraft, meine Hoffnung und meine Freude. Du bist der Lebensbaum, die geheimnisvolle Leiter, die die Erde mit dem Himmel verbindet, und der Altar, auf dem ich mich opfern möchte, indem ich für Jesus sterbe« (vgl. M. B. Soubirous, *Carnet de notes intimes*, S. 20).

Dies ist die Botschaft von Lourdes, die viele gesunde und kranke Pilger aufgenommen und sich zu eigen gemacht haben. Mögen die Worte der Jungfrau euch ein innerlicher Trost sein, liebe leidende Brüder und Schwestern …

(Ansprache, 11.2.2001)

Lehrstuhl des Gebets

Hier, vor der Grotte von Massabielle kniend, spüre ich mit Ergriffenheit, dass ich *das Ziel meiner Pilgerfahrt erreicht* habe. Diese Grotte, in der Maria erschienen ist, ist das Herz von Lourdes. Sie erinnert an die Höhle auf dem Berg Horeb, wo Elija dem Herrn begegnete, der aus einem »sanfte[n], leise[n] Säuseln« heraus zu ihm sprach (1 Kön 19,12).

Hier forderte die Jungfrau das Mädchen Bernadette auf, mit ihr den Rosenkranz zu beten. Diese Grotte ist somit zum *Lehrstuhl in einer einzigartigen Schule des Gebets* geworden, in der Maria alle lehrt, mit brennender Liebe das Antlitz Christi zu betrachten.

Deshalb ist Lourdes der Ort, an dem die Gläubigen Frankreichs und vieler anderer Nationen Europas und der ganzen Welt auf Knien beten.

Als Pilger in Lourdes wollen auch wir heute Abend gemeinsam mit der Jungfrau erneut die »Geheimnisse«, in denen sich Jesus als »Licht der Welt« offenbart, im Gebet betrachten. Erinnern wir uns an seine Verheißung: »Wer mir nachfolgt, wird nicht in der Finsternis umhergehen, sondern wird das Licht des Lebens haben« (Joh 8,12).

Lasst uns von der demütigen Magd des Herrn *die fügsame Bereitschaft zum Hören* und die großherzige Annahme der Lehre Christi in unserem Leben lernen …

Wir wenden uns nun an die allerseligste Jungfrau Maria und sprechen gemeinsam mit Bernadette: »Meine gute Mutter, erbarme Dich meiner; ich gebe mich Dir ganz hin, damit Du mich Deinem geliebten Sohn anvertraust, den ich von ganzem Herzen lieben will. Meine gute Mutter, schenke mir ein Herz, das für Jesus entflammt ist.«

(Beim Rosenkranzgebet in Lourdes, 14.8.2004)

Der kleinen Heiligen sehr nahe

Ich war aus Anlass des Internationalen Eucharistischen Kongresses 1981 in Lourdes, nach dem Attentat auf den Papst … Das Fest der heiligen Bernadette ist auch mein Geburtstag. Und schon das ist für mich ein Grund, mich der kleinen Heiligen sehr nahe zu fühlen, jenem jungen, reinen, demütigen Mädchen, mit dem die Muttergottes gesprochen hat.

Dieser Wirklichkeit, dieser Gegenwart der Muttergottes in unserer Zeit zu begegnen, die Spuren jenes jungen Mädchens zu sehen, die eine Freundin der Muttergottes war, und andererseits der Muttergottes, ihrer Mutter, zu begegnen, ist für mich ein wichtiges Ereignis. Natürlich gehen wir dort nicht hin, um Wunder zu sehen.

Ich gehe nach Lourdes, um dort die Liebe der Mutter zu finden, die die wahre Heilung für alle Krankheiten, alle Schmerzen ist. Ich gehe dorthin aus Solidarität mit allen, die leiden, ich gehe im Zeichen der Liebe der Mutter. Mir scheint dies ein sehr wichtiges Zeichen für unsere Zeit zu sein.

(Benedikt XVI., auf dem Flug nach Lourdes, 12.9.2008)

Ein Strahl der Schönheit

Zahlreiche Menschen haben es bezeugt: Die Begegnung mit dem leuchtenden Antlitz von Bernadette verwandelte die Herzen und die Blicke. Sowohl während der Erscheinungen als auch, wenn sie davon erzählte, begann ihr Gesicht über und über zu strahlen. Bernadette war bereits erfüllt von dem Licht von Massabielle. Das alltägliche Leben der Familie Soubirous bestand jedoch aus Elend und Traurigkeit, aus Krankheit und

Unverständnis, aus Ablehnung und Armut. Auch wenn es in den familiären Beziehungen nicht an Liebe und Wärme fehlte, war es doch schwierig, im *cachot* (»Verließ«) zu leben. Aber die Schatten der Erde haben das Licht des Himmels nicht daran gehindert zu leuchten: »Das Licht leuchtet in der Finsternis …« (Joh 1,5).

Lourdes ist einer der Orte, die Gott erwählt hat, um dort einen besonderen Strahl seiner Schönheit leuchten zu lassen; daher rührt die Bedeutung, die hier das Symbol des Lichtes bekommt. Von der vierten Erscheinung an entzündete Bernadette, wenn sie an der Grotte ankam, jeden Morgen eine gesegnete Kerze und hielt sie in der linken Hand, bis die Jungfrau sich zeigte. Sehr bald übergaben verschiedene Personen Bernadette eine Kerze, damit sie diese in der Tiefe der Grotte in die Erde stecke. Sehr bald brachten andere Menschen auch selbst Kerzen an diesen Ort des Lichtes und des Friedens. Die Muttergottes tat selber kund, dass ihr diese berührende Huldigung dieser Tausenden Kerzen gefiel, die seitdem zu ihrer Ehre ununterbrochen den Felsen der Erscheinung erleuchten. Von jenem Tag an glüht vor der Grotte Tag und Nacht, im Sommer wie im Winter, ein brennender Dornbusch, entzündet vom Gebet der Pilger und der Kranken, die ihre Sorgen und Nöte, vor allem aber ihren Glauben und ihre Hoffnung zum Ausdruck bringen.

Da wir als Pilger hier nach Lourdes kommen, wollen wir auf den Spuren Bernadettes in diese außergewöhnliche Nähe *zwischen Himmel und Erde* eintreten, die sich niemals widersprochen hat und die sich unaufhörlich weiter festigt. Während der Erscheinungen ist zu bemerken, dass Bernadette den Rosenkranz unter den Augen Marias betet, die im Moment der Doxologie mit einstimmt. Diese Tatsache bestätigt den zutiefst theozentrischen Charakter des Rosenkranzgebets. Wenn wir den Rosenkranz beten, leiht uns Maria ihr Herz und ihre Augen, um das Leben ihres Sohnes, Christus Jesus, zu betrachten …

Die Erscheinungen waren von Licht umflutet, und Gott hat im Blick von Bernadette eine Flamme entzündet, die zahllose Herzen bekehrt hat. Wie viele Menschen kommen hierher, um ein Wunder zu sehen, und hoffen vielleicht insgeheim, eines an sich selbst zu erfahren; auf dem Heimweg, nachdem sie eine geistliche Erfahrung eines echten kirchlichen Lebens gemacht haben, ändert sich dann ihr Blick auf Gott, auf die anderen und auf sich selbst. Eine kleine Flamme, die sich Hoffnung, Mitleid und Zartgefühl nennt, wohnt in ihnen. Die verborgene Begegnung mit Bernadette und mit der Jungfrau Maria kann ein Leben verändern, denn sie sind an diesem Ort Massabielle gegenwärtig, um uns zu Christus zu führen, der unser Leben, unsere Kraft und unser Licht ist. Mögen die Jungfrau Maria und die heilige Bernadette euch helfen, als Kinder des Lichtes zu leben, um alle Tage eures Lebens zu bezeugen, dass Christus unser Licht, unsere Hoffnung und unser Leben ist!

(Benedikt XVI., Predigt bei der Lichterprozession in Lourdes, 13.9.2008)

Edith Stein (1891–1942)

Edith Stein ist eine schwierige, eine unwahrscheinliche Heilige: Philosophin. Jüdin. Zeitweise Atheistin. Konvertitin. Psychologie-Studentin. Schlesierin. Von der Welt abgeschlossene Karmelitin. Und dann im KZ Auschwitz ermordet. Ein bisschen viel für ein einziges Leben.

Sie war Assistentin des berühmten Philosophen Edmund Husserl, und wahrscheinlich hat Johannes Paul – Karol Wojtyla – sie zuerst in dieser Philosophinnenrolle kennengelernt; in Krakau hatte er Umgang mit Roman Imgarden, einem Husserl-Schüler, und außerdem interessierte er sich sehr für den heiligen Johannes vom Kreuz und die Spiritualität der Karmeliter, in die sich auch das Werk Edith Steins (Ordensname: Schwester Teresia Benedicta vom Kreuz) einreihen lässt.

Ausgerechnet der Papst aus Polen schrieb diese zum Christentum übergetretene deutsche Jüdin in das Buch der Heiligen ein – und er ertrug auch das Unbehagen und den Widerspruch von Vertretern des Judentums, die diese erstmalige Kanonisierung einer geborenen Jüdin für eine Vereinnahmung, einen Übergriff hielten und argwöhnten, die katholische Kirche wolle gewissermaßen den Holocaust »christianisieren«. Für Johannes Paul hingegen schlug die Biografie der Heiligen eine Brücke zwischen Juden- und Christentum, und er rückte sie bei einer Ansprache auf dem Gelände des früheren KZ Auschwitz 1979 auch in die Nähe des großen christlichen Bekenners Maximilian Kolbe. Beide waren aus seiner Sicht eine Antwort auf die quälende Frage, wo denn Gott in Auschwitz war; beide zeugten davon, dass letztendlich das Menschliche über gottlose und menschenverachtende Systeme den Sieg davonträgt.

Das Datum der Heiligsprechung in Rom 1998 legte der Papst an den Beginn einer Festwoche, mit der er sein zwanzigstes Pontifikatsjubiläum beging, das sicherte dem Akt große internationale Aufmerksamkeit. In seiner Predigt deutete Johannes Paul an, dass der Gedenktag der neuen Heiligen von nun an auch der Erinnerung an alle im Holocaust ermordeten Juden gelten solle.

Sie ging in die Schule des Kreuzes, bis ans Ende

Aus einer jungen Frau, die nach der Wahrheit suchte, ist durch das stille Wirken der göttlichen Gnade eine Heilige und Märtyrin geworden: Schwester Teresia Benedicta vom Kreuz. Heute wiederholt sie für uns vom Himmel her die Worte, die ihr Leben geprägt haben: »Ich will mich allein des Kreuzes Jesu Christi rühmen«.

Am 1. Mai 1987 hatte ich in Köln während meines Pastoralbesuches in Deutschland die Freude, der Kirche diese hochherzige Zeugin des Glaubens als Selige vor Augen zu stellen. Elf Jahre später darf ich heute hier auf dem Petersplatz in Rom diese herausragende Tochter Israels und treue Tochter der Kirche vor aller Welt feierlich zur Heiligen erklären.

Wie damals, so verneigen wir uns in dieser Stunde vor dem Zeugnis, das Edith Stein abgelegt hat. Wir verkünden das unbezwingbare Zeugnis ihres Lebens und Sterbens. Neben Theresia von Ávila und Theresia von Lisieux reiht sich Schwester Teresia Benedicta vom Kreuz in die Schar heiliger Männer und Frauen ein, die der Ruhm des Ordens vom Berge Karmel sind.

Liebe Schwestern und Brüder, die ihr zu dieser festlichen Feier versammelt seid, lasst uns Gott preisen für das Werk seiner Gnade, das er an Edith Stein vollbracht hat …

Weil Edith Stein Jüdin war, wurde sie zusammen mit ihrer Schwester Rosa und vielen anderen katholischen Juden aus den Niederlanden in das Konzentrationslager nach Auschwitz gebracht, wo sie mit ihnen in den Gaskammern starb. Heute gedenken wir ihrer aller in großer Ehrfurcht. Noch wenige Tage vor ihrem Abtransport hatte die Ordensfrau die Frage nach einer möglichen Rettung mit den Worten abgewehrt: »Tun sie das nicht, warum soll ich eine Ausnahme erfahren? Ist dies nicht gerade Gerechtigkeit, dass ich keinen Vorteil aus meiner Taufe ziehen kann? Wenn ich nicht das Los meiner Schwestern und Brüder teilen darf, ist mein Leben wie zerstört«.

Wenn wir fortan Jahr für Jahr das Gedächtnis der neuen Heiligen feiern, müssen wir uns auch an die *Schoah* erinnern, an den grausamen Plan, ein Volk zu vernichten – einen Plan, dem Millionen jüdischer Schwestern und Brüder zum Opfer fielen. Der Herr lasse über sie sein Angesicht leuchten und schenke ihnen seinen Frieden (vgl. Num 6, 25f).

Um Gottes und der Menschen willen erhebe ich noch einmal tief betrübt meine Stimme und rufe: Ein solches verbrecherisches Tun darf sich nie mehr wiederholen, an keiner ethnischen Gruppe, an keinem Volk, an keiner Rasse, nirgendwo auf dieser Welt! Es ist ein Schrei, der allen gilt: allen Menschen guten Willens; allen, die an den Ewigen und Gerechten glauben; allen, die sich in Christus, dem menschgewordenen Wort, verbunden wissen. Wir alle müssen zusammenstehen. Die Würde des Menschen ist es wert. Es gibt nur eine einzige Menschheitsfamilie. Darauf hat auch die neue Heilige eindringlich hingewiesen: »Unsere Menschenliebe ist das Maß unserer Gottesliebe. Für die Christen – und nicht nur für sie – gibt es keine ›fremden Menschen‹. Die Liebe Christi kennt keine Grenzen«.

Liebe Schwestern und Brüder! Die Liebe Christi war das Feuer, das das Leben von Schwester Teresia Benedicta vom Kreuz entflammt hat. Längst bevor es ihr bewusst wurde, war sie von diesem Feuer ergriffen. Zunächst hatte sich Edith Stein der *Freiheit* verschrieben. Lange war sie eine Suchende. Ihr Geist wurde nicht müde, sich der Forschung zu widmen, und ihr Herz streckte sich nach Hoffnung aus. Voller Begeisterung legte sie den mühseligen Weg der Philosophie zurück. Dafür wurde sie schließlich belohnt: Sie eroberte die Wahrheit. Oder besser gesagt: Sie wurde von der Wahrheit erobert. Denn sie durfte entdecken, dass die Wahrheit einen Namen hat: Jesus Christus. Von diesem Augenblick an war das menschgewordene Wort ihr Ein und Alles. Als sie auf diesen Lebensabschnitt als Karmelitin zurückblickte, schrieb sie an eine Benediktinerin: »Wer die Wahrheit sucht, der sucht Gott, ob es ihm klar ist oder nicht«.

Obwohl Edith Stein von ihrer jüdischen Mutter religiös erzogen worden war, hatte sie sich mit vierzehn Jahren »das Beten ganz bewusst und aus freiem Entschluss abgewöhnt«. Sie wollte ihr Leben ausschließlich aus sich selbst heraus gestalten, ganz darauf bedacht, ihre Freiheit in den Entscheidungen ihres Lebens zu behaupten. Am Ende eines langen Weges durfte sie zur überraschenden Erkenntnis gelangen: Nur wer sich an die Liebe Christi bindet, der wird wirklich frei.

Diese Frau hatte die Herausforderungen eines so umwälzenden Jahrhunderts wie des unseren zu bestehen. Ihre Erfahrung wird zum Beispiel für uns. Die moderne Welt prahlt mit der verlockenden Tür, die sagt: Alles ist erlaubt. Dabei übersieht sie die schmale Pforte der Unterscheidung und des Verzichts. Deshalb wende ich mich besonders an euch, liebe junge Christen, vor allem an die vielen Ministranten, die in diesen Tagen nach Rom gepilgert sind: Gebt acht! Euer Leben ist kein endloser Tag der offenen Tür! Hört in euer Herz hinein! Begnügt euch nicht mit der Oberfläche, sondern geht den Dingen auf den Grund! …

Die heilige Schwester Teresia Benedicta vom Kreuz ist zu der Erkenntnis gelangt, dass die Liebe Christi und die Freiheit des Menschen ineinandergreifen; denn auch Liebe und *Wahrheit* gehören innerlich zusammen. Die Suche nach Wahrheit und deren Vermittlung in Liebe waren für sie kein Gegensatz. Im Gegenteil: Sie hat verstanden, dass beide einander brauchen.

In unseren Tagen wird Wahrheit vielfach mit Mehrheit verwechselt. Zudem ist die Überzeugung verbreitet, in bestimmten Fällen Wahrheit und Liebe gegeneinander ausspielen zu müssen. Aber Wahrheit und Liebe sind aufeinander angewiesen. Schwester Teresia Benedicta ist dafür eine Zeugin: Von keinem ließ sich die »Märtyrin aus Liebe«, die ihr Leben für ihre Freunde hingab, in der Liebe übertreffen. Zugleich aber hat sie um die Wahrheit gerungen, von der sie schreibt: »Kein geistiges Werk kommt ja ohne schwere Wehen zur Welt. Es will auch immer den ganzen Menschen in Anspruch nehmen«.

Schwester Teresia Benedicta vom Kreuz sagt uns allen: Akzeptiert nichts als Wahrheit, was ohne Liebe ist. Aber akzeptiert auch nichts als Liebe, was ohne Wahrheit ist! Eines ohne das andere wird zur Lüge, die zerstört.

Schließlich weist uns die heilige Teresia Benedicta vom Kreuz darauf hin, dass die Liebe Christi sich im *Leiden* bewähren muss. Wer wirklich liebt, der bleibt auch vor dem Leiden nicht stehen. Der Liebende stellt sich in die Leidensgemeinschaft mit dem Geliebten.

Edith Stein war sich dessen bewusst, was ihre jüdische Herkunft mit sich bringen sollte, und drückte es treffend aus: »Unter dem Kreuz verstand ich das Schicksal des Volkes Gottes. (…) Gewiss weiß ich heute mehr davon, was es heißt, dem Herrn im Zeichen des Kreuzes vermählt zu sein. Mit der Vernunft allein wird man es niemals begreifen, weil es ein Geheimnis ist«.

Das Geheimnis des Kreuzes hat allmählich ihr ganzes Leben umfasst und ihr die höchste Hingabe abverlangt. Als am Kreuz Vermählte hat sie nicht nur tiefgreifende Seiten über die »Kreuzeswissenschaft« verfasst, sondern ist die Schule des Kreuzes zu Ende gegangen. Viele unserer Zeitgenossen wollen das Kreuz zum Schweigen bringen. Aber nichts ist sprechender als das totgeschwiegene Kreuz! Die wahre Botschaft des Leidens ist eine Lektion der Liebe. Die Liebe befruchtet das Leiden; und das Leiden vertieft die Liebe.

Durch die Erfahrung des Kreuzes hat sich für Edith Stein zugleich ein Weg geöffnet für eine neue Begegnung mit dem Gott Abrahams, Isaaks und Jakobs, dem Vater unseres Herrn Jesus Christus. Für sie gehörten Glaube und Kreuz untrennbar zusammen; sie leuchten einander aus. In der Schule des Kreuzes gereift, durfte sie entdecken, welchen Wurzeln sich ihr Lebensbaum verdankt. Sie hat begriffen, wie viel es ihr bedeutet, »Tochter des auserwählten Volkes zu sein, nicht nur geistig, sondern auch blutsmäßig zu Christus zu gehören«.

(Predigt bei der Heiligsprechung in Rom, 11.10.1998)

Kyrill und Methodius (9. Jahrhundert)

Er war erst seit zwei Jahren im Amt, da erklärte der polnische Papst die beiden Brüder und Missionare Kyrill und Methodius zu Patronen Europas. Europa müsse, so forderte er, »mit zwei Lungen atmen«, der östlichen und der westlichen; die beiden aus Griechenland stammenden Apostel der Slawen waren ihm die Gewährsleute für den östlichen Lungenflügel.

In vielerlei Hinsicht betraten Kyrill und Methodius bei ihrer Evangelisierungsarbeit in Osteuropa Neuland. Sie übersetzten Bibeltexte, entwickelten eine neue Schrift, nutzten das Slawische als liturgische Sprache, bemühten sich in allem um die behutsame Inkulturation des Evangeliums in die slawische Kultur. (Damit zogen sie sich übrigens den Zorn bayerisch-fränkischer Missionskonkurrenten zu, die beim Christianisieren etwas robuster vorgingen.)

*Was Johannes Paul an den beiden Brüdern bewunderte, erklärte er in einer eigenen Enzyklika: Sie hätten es verstanden, sich gänzlich auf die Kultur und Lebensweise der Slawen einzulassen, obgleich sie von Haus aus Byzantiner waren. Damit stünden sie in der Tradition Abrahams, der einst auf Gottes Ruf hin aus Ur in Chaldäa aufgebrochen sei ins Unbekannte. »Die Trennung von der Heimat, die Gott zuweilen von den erwählten Menschen fordert, stellt immer, wenn sie im Licht des Glaubens und seiner Verheißung angenommen wird, eine geheimnisvolle und fruchtbare Voraussetzung für die Entwicklung und das Wachstum des Volkes Gottes auf der Erde dar« (*Enzyklika Slavorum Apostoli, 2.6.85, Nr. 8*). Da sprach auch der Pole, der zu seiner eigenen Überraschung 1978 – mitten im Kalten Krieg – aus dem »Ostblock« in den Westen und an die Spitze der Weltkirche gelangt war.*

Darüber hinaus fand Johannes Paul es beachtlich, dass sich die Missionsbrüder, obwohl sie von Byzanz ausgingen, doch auch immer in Rom beim Papst rückversicherten; das mache sie zu wahren »Vorläufern des Ökumenismus«.

Jedes Gefühl der Überlegenheit war ihnen fremd

Das Charakteristische, das ich im Wirken der Slawenapostel Kyrill und Methodius besonders hervorheben möchte, ist ihre *friedliche* Art, die Kirche aufzubauen, wobei sie sich vom Blick auf die eine, heilige und universale Kirche leiten ließen.

Auch wenn die slawischen Christen mehr als die anderen die heiligen Brüder als »Slawen nach dem Herzen« ansehen, so bleiben diese doch Menschen hellenistischer Kultur und byzantinischer Prägung, Menschen also, die ganz der östlichen Tradition des Christentums angehören, sei es im gesellschaftlichen wie im kirchlichen Bereich.

Schon zu ihren Zeiten begannen die Unterschiede zwischen Konstantinopel und Rom Vorwände für Uneinigkeit zu werden, auch wenn die beklagenswerte Spaltung zwischen den beiden großen Teilen der einen Christenheit noch fern war. Die Verkündiger des Evangeliums und Lehrer der Slawen machten sich auf den Weg nach Großmähren, erfüllt vom ganzen Reichtum der Tradition und der religiösen Erfahrung, der das östliche Christentum auszeichnete und seinen besonderen Ausdruck in der theologischen Lehre und in der Feier der Liturgie fand.

Wenn auch schon seit einiger Zeit die Gottesdienste in allen Kirchen des byzantinischen Reiches in griechischer Sprache gefeiert wurden, so waren doch die eigenen Traditionen vieler Nationalkirchen des Orients – wie zum Beispiel der georgischen und der syrischen Kirche –, die im Gottesdienst die Sprache ihres Volkes benutzten, im Bereich der höheren Kultur von Konstantinopel und insbesondere Konstantin, dem Philosophen, gut bekannt, dank der Studien und der wiederholten Kontakte, welche er in der Hauptstadt und auf seinen Reisen mit den Christen jener Kirchen gehabt hatte.

Im Bewusstsein des Alters und der Legitimität dieser ehrwürdigen Traditionen hatten beide Brüder keinerlei Bedenken, die slawische Sprache für die Liturgie zu gebrauchen, sondern benützten sie als wirksames Werkzeug, um die göttlichen Wahrheiten allen Menschen dieser Sprache näherzubringen. Sie taten dies in einer geistigen Haltung, der jedes Gefühl der Überlegenheit oder Vorherrschaft fremd war, allein aus Liebe zur Gerechtigkeit und mit eindeutigem apostolischem Eifer gegenüber den Völkern, die dabei waren, sich zu entwickeln.

Das abendländische Christentum hatte nach der Völkerwanderung die hinzugekommenen ethnischen Gruppen mit der ansässigen lateinischen Bevölkerung verschmolzen und in der Absicht, sie zu einigen, auf alle die lateinische Sprache, Liturgie und Kultur übertragen, wie sie von der römischen Kirche überliefert waren. Von der so erreichten Einheitlichkeit leitete sich für die verhältnismäßig jungen und in voller Ausbreitung begriffenen Gemeinschaften ein Gefühl der Stärke und der Geschlossenheit her, das zu einer noch engeren Einheit wie auch zu einem kraftvolleren Auftreten in Europa beitrug. Man kann verstehen, wie in einer solchen Situation jede Verschiedenheit manchmal von vielen als Bedrohung der noch *im Werden* befindlichen Einheit verstanden wurde und wie die Versuchung groß werden konnte, sie mit Zwangsmaßnahmen auszuschalten.

An diesem Punkt erscheint es einzigartig und bewundernswert, wie die beiden heiligen Brüder, die in so schwierigen und unsicheren Situationen wirkten, nicht einmal versuchten, den Völkern, die ihrer Predigt zugewiesen waren, die unbestrittene Überlegenheit der griechischen Sprache und der byzantinischen Kultur oder die Sitten und Gebräuche der fortgeschritteneren Gesellschaft aufzudrängen, in welcher sie selbst aufgewachsen waren und ihre Angehörigen und Freunde selbstverständlich noch lebten. Vom Ideal bewegt, die neuen Gläubigen in Christus zu einigen, passten sie die reichen und verfeinerten Texte der byzantinischen Liturgie der slawischen Sprache an und glichen ebenso die ausgefeilten und komplizierten Werke des griechisch-römischen Rechtes der Mentalität und den Gewohnheiten der neuen Völker an. Aufgrund des gleichen Programms von Eintracht und Frieden erfüllten sie jederzeit die Verpflichtungen ihrer Mission, indem sie auf die traditionellen Vorrechte und kirchlichen Rechte achteten, die in den Konzilskanones festgelegt waren, wie sie es auch für ihre Pflicht hielten – als Untertanen des Ostreiches und als Gläubige des Patriarchates von Konstantinopel –, dem römischen Papst Rechenschaft über ihre Missionsarbeit abzulegen und seinem Urteil zur Bestätigung die Lehre, die sie bekannten und verbreiteten, die in slawischer Sprache verfassten liturgischen Bücher und die Methoden, die sie bei der Evangelisierung jener Völker anwandten, zu unterbreiten.

Als sie ihre Missionsarbeit im Auftrag von Konstantinopel aufnahmen, versuchten sie gewissermaßen die Bestätigung hierfür zu erhalten, indem sie sich an den Apostolischen Stuhl in Rom wandten, das sichtbare Zentrum der Einheit der Kirche. Sie erbauten so die Kirche im Sinne ihrer Universalität, nämlich als die eine, heilige, katholische und apostolische Kirche. Dies zeigt in sehr klarer und ausdrücklicher Form ihr gesamtes Verhalten. Man kann sagen, dass die Bitte Jesu im Hohepriesterlichen Gebet– *damit sie eins sind* – ihr missionarisches Motto darstellt nach den Worten des Psalmisten: »Lobet den Herrn, alle Völker, preist ihn, alle Nationen«. Für uns Menschen heute liegt in ihrem Apostolat auch ein ökumenischer Appell: die Aufforderung, in Versöhnung und Frieden die Einheit wieder herzustellen, die in der Zeit nach den heiligen Kyrill und Methodius tief verletzt worden ist, zu allererst die Einheit zwischen Ost und West.

Die Überzeugung der beiden heiligen Brüder von Saloniki, wonach jede Ortskirche dazu berufen ist, mit ihren eigenen Gaben die katholische »Fülle« anzureichern, stimmte vollkommen überein mit ihrer dem Evangelium entnommenen Sicht, dass die verschiedenen Lebensbedingungen der einzelnen christlichen Kirchen niemals Unstimmigkeiten, Zwietracht und Spaltungen im Bekenntnis des einen Glaubens und in der Praxis der Liebe rechtfertigen können.

Nach der Lehre des II. Vatikanischen Konzils versteht man bekanntlich »unter der ›ökumenischen Bewegung‹ … Tätigkeiten und Unternehmungen, die je nach den verschiedenartigen Bedürfnissen der Kirche und nach Möglichkeit der Zeitverhältnisse zur Förderung der Einheit der Christen ins Leben gerufen und auf dieses Ziel ausgerichtet sind«. Es erscheint also keineswegs anachronistisch, in den heiligen Kyrill und Methodius die authentischen Vorläufer des Ökumenismus zu sehen, weil sie jede wirkliche oder auch nur scheinbare Spaltung unter den einzelnen Gemeinschaften der einen Kirche wirksam haben überwinden oder verringern wollen.

(Enzyklika Slavorum Apostoli, 2.6.1985, Nr. 12–14)

Maria Faustyna Kowalska (1905–1938)

Sie war – und das ist bestimmt kein Zufall – die erste Heilige des neuen Jahrtausends. Zeitgleich mit ihrer Heiligsprechung bestimmte Johannes Paul II. im Frühjahr 2000, dass der erste Sonntag nach Ostern, der sogenannte Weiße Sonntag, künftig auch der Göttlichen Barmherzigkeit geweiht sein soll; das entsprach der Spiritualität dieser einfachen Ordensfrau und Seherin aus Krakau. Schon eine seiner ersten Enzykliken hatte der Papst dem Thema der Göttlichen Barmherzigkeit gewidmet: Dives in Misericordia, *erschienen im Jahr 1980. Am Vorabend eines Sonntags der Barmherzigkeit ist Johannes Paul II. dann 2005 auch gestorben … Da schloss sich dieser Kreis.*

Johannes Paul alias Karol Wojtyla kam aus dem Erzbistum Krakau, wo die Göttliche Barmherzigkeit ganz besonders angeru-

fen wird, und zwar aufgrund der Christus-Visionen von Schwester Faustyna, deren geistliches Tagebuch der Papst gut kannte. Zur Zeit der Nazi-Besatzung hatte der junge Wojtyla, damals noch kein Priester, in einer Solvay-Chemiefabrik ganz in der Nähe von Schwester Faustynas Kloster Zwangsarbeit leisten müssen; Jahrzehnte später konnte dann dieser Ex-Zwangsarbeiter, der Papst geworden war, auf der letzten Reise in seine Heimat im August 2002 am Ort des alten Klosters eine Wallfahrtskirche einweihen – für ihn ein sehr bewegender Moment.

Auf dem Weg zur Schicht sei er früher oft zu Fuß, in Holzschuhen, hier vorbeigekommen, so der 82-Jährige mit belegter Stimme: »Wer hätte geglaubt, dass dieser Mann mit den Holzpantoffeln eines Tages die Basilika von der Göttlichen Barmherzigkeit ... weihen würde?« (Predigt in Krakau, 17.8.2002)

Die Botschaft des todkranken Papstes von der Barmherzigkeit Gottes fiel ein knappes Jahr nach dem Terror des 11. September 2001 auf fruchtbaren Boden, zumal Papst Franziskus sie einige Jahre später aufgriff, indem er ein außerordentliches Heiliges Jahr der Barmherzigkeit ausrief.

Wie dringend braucht die Welt das Erbarmen Gottes!

*»O unbegreifliche und unergründliche Barmherzigkeit Gottes,
wer vermag dich würdig zu ehren und zu rühmen?
Du größte Eigenschaft des Allmächtigen Gottes,
Du süße Hoffnung des sündigen Menschen.«
(Tagebuch, 951).*

Liebe Brüder und Schwestern!
Heute wiederhole ich diese einfachen und aufrichtigen Worte der heiligen Faustyna, um gemeinsam mit ihr und mit euch allen das unbegreifliche und unergründliche Geheimnis der göttlichen Barmherzigkeit zu verehren. Ebenso wie sie wollen auch wir bekennen, dass es für den Menschen keine andere

Quelle der Hoffnung als das Erbarmen Gottes geben kann. In tiefem Glauben wiederholen wir: *Jesus, ich vertraue auf dich*!

Diese Botschaft, die das Vertrauen auf die allmächtige Liebe Gottes zum Ausdruck bringt, brauchen wir vor allem in der heutigen Zeit, in der der Mensch mit Verwirrung den zahlreichen Formen des Bösen gegenübersteht. Die *flehentliche Bitte um das göttliche Erbarmen* muss aus der Tiefe der Herzen kommen, die voller Leid, Angst und Unsicherheit sind, gleichzeitig aber nach einer untrüglichen Quelle der Hoffnung suchen …

»Ewiger Vater, ich opfere Dir den Leib und das Blut auf, die Seele und die Gottheit Deines geliebten Sohnes, unseres Herrn Jesus Christus, als Sühne für unsere Sünden und die der ganzen Welt. Um Seines schmerzhaften Leidens willen habe Erbarmen mit uns und mit der ganzen Welt« (*Tagebuch*, 476). *Mit uns und mit der ganzen Welt* … Wie dringend braucht die heutige Welt das Erbarmen Gottes! Aus der Tiefe des menschlichen Leids erhebt sich auf allen Erdteilen der Ruf nach Erbarmen. Wo Hass und Rachsucht vorherrschen, wo Krieg das Leid und den Tod unschuldiger Menschen verursacht, überall dort ist die Gnade des Erbarmens notwendig, um den Geist und das Herz der Menschen zu versöhnen und Frieden herbeizuführen. Wo das Leben und die Würde des Menschen nicht geachtet werden, ist die erbarmende Liebe Gottes nötig, in deren Licht der unfassbare Wert jedes Menschen zum Ausdruck kommt. Wir bedürfen der Barmherzigkeit, damit jede Ungerechtigkeit in der Welt im Glanz der Wahrheit ein Ende findet.

In diesem Heiligtum möchte ich daher heute die Welt *feierlich der Barmherzigkeit Gottes weihen* mit dem innigen Wunsch, dass die Botschaft von der erbarmenden Liebe Gottes, die hier durch Schwester Faustyna verkündet wurde, *alle Menschen der Erde erreichen* und ihre Herzen mit Hoffnung erfüllen möge. Jene Botschaft möge, von diesem Ort ausgehend, überall in unserer geliebten Heimat und in der Welt Verbreitung finden.

Möge sich die Verheißung des Herrn Jesus Christus erfüllen: Von hier wird »ein Funke hervorgehen, der die Welt auf Mein endgültiges Kommen vorbereitet« (vgl. *Tagebuch*, 1732).

Diesen Funken der Gnade Gottes müssen wir entfachen und dieses Feuer des Erbarmens an die Welt weitergeben. *Im Erbarmen Gottes wird die Welt Frieden und der Mensch Glückseligkeit finden*! Euch, lieben Brüdern und Schwestern, der Kirche in Krakau und Polen und allen, die die Barmherzigkeit Gottes verehren und aus Polen und der ganzen Welt diesen Ort aufsuchen, vertraue ich diese Aufgabe an. *Seid Zeugen der Barmherzigkeit*!

(Predigt in Krakau-Lagiewniki, 17.8.2002)

Geschenk Gottes an unsere Zeit

Die göttliche Barmherzigkeit erreicht die Menschen durch das Herz des gekreuzigten Christus: »Sage, Meine Tochter, dass Ich ganz Liebe und Barmherzigkeit bin«, so wird Jesus Schwester Faustyna bitten (*Tagebuch*, a.a.O., S. 337). Diese Barmherzigkeit gießt Christus über die Menschheit durch die Sendung des Heiligen Geistes aus, der in der Dreifaltigkeit die »Person der Liebe« darstellt. Und ist denn nicht die Barmherzigkeit ein »anderer Name« für die Liebe (*Dives in misericordia*, 7), verstanden im Hinblick auf ihre tiefste und zärtlichste Seite, auf ihre Eigenschaft, sich um jedwede Not zu sorgen, und insbesondere in ihrer grenzenlosen Fähigkeit zur Vergebung?

Meine Freude ist fürwahr groß, der ganzen Kirche heute das Lebenszeugnis von *Schwester Faustyna Kowalska* gewissermaßen als Geschenk Gottes an unsere Zeit vorzustellen. Die göttliche Vorsehung hat das Leben dieser demütigen Tochter Polens ganz und gar mit der Geschichte des 20. Jahrhunderts verbunden, das wir gerade hinter uns gelassen haben. So hat ihr Christus zwischen dem Ersten und dem Zweiten Weltkrieg seine Botschaft der Barmherzigkeit anvertraut. Diejenigen, die sich daran erinnern, weil sie Zeugen der Ereignisse jener Jahre waren und das schreckliche Leid von Millionen von Menschen miterlebten, wissen nur zu gut, wie notwendig die Botschaft von der Barmherzigkeit war.

Jesus sagte zu Schwester Faustyna: »Die Menschheit wird keinen Frieden finden, solange sie sich nicht mit Vertrauen an Meine Barmherzigkeit wendet« (*Tagebuch*, a.a.O., S. 119). Durch das Werk der polnischen Ordensfrau verband sich diese Botschaft für immer mit dem 20. Jahrhundert, dem letzten des zweiten Jahrtausends und der Brücke hin zum dritten Jahrtausend. Diese Botschaft ist nicht neu, obgleich sie als ein Geschenk besonderer Erleuchtung angesehen werden kann, die uns hilft, die österliche Frohbotschaft erneut intensiv zu erleben, um sie den Männern und Frauen unserer Zeit wie einen Lichtstrahl anzubieten …

Seine (das heißt Jesu) Botschaft der Barmherzigkeit erreicht uns weiterhin durch die Geste seiner zum leidenden Menschen hin ausgestreckten Hände. So hat ihn Schwester Faustyna gesehen und ihn den Menschen aller Kontinente verkündet. Im Konvent von Lagiewniki, in Krakau, machte sie ihr Dasein zu einem Lobgesang auf die Barmherzigkeit: »*Misericordias Domini in aeternum cantabo*«. [Von den Taten deiner Huld, Herr, will ich ewig singen] (Ps 88 [89], 2)

Die Heiligsprechung von Schwester Faustyna ist außerordentlich bedeutsam: Durch diese Geste möchte ich heute dem neuen Jahrtausend diese Botschaft übermitteln. Ich übergebe sie allen, damit sie lernen, *immer besser das wahre Antlitz Gottes und das wahre Antlitz der Brüder zu erkennen …*

Schwester Faustyna Kowalska hat in ihrem Tagebuch geschrieben: »Ich empfinde furchtbaren Schmerz, wenn ich auf die Leiden meiner Nächsten schaue. Alle Leiden meiner Nächsten finden in meinem Herzen einen Widerschein. Ihre Qualen trage ich dermaßen im Herzen, dass ich sogar physisch ausgemergelt bin. Ich wünschte, dass alle Qualen über mich kämen, um meinen Nächsten dadurch Linderung zu verschaffen« (*Tagebuch*, a.a.O., S. 329). Hier wird deutlich, bis zu welchem Grad der Anteilnahme die Liebe führt, wenn sie sich an der Liebe Gottes misst!

Von dieser Liebe muss sich die Menschheit von heute inspirieren lassen, um die Sinnkrise in Angriff zu nehmen, die Herausforderungen, die sich durch verschiedene Bedürfnisse stellen, besonders durch den Anspruch, die Würde einer jeden menschlichen Person zu wahren. Die Botschaft von der göttlichen Barmherzigkeit stellt somit implizit auch eine *Botschaft vom Wert eines jeden Menschen* dar. Jede Person ist in den Augen Gottes wertvoll, für jeden einzelnen hat Christus sein Leben hingegeben, jedem macht der Vater seinen Geist zum Geschenk und bietet Zugang in sein Innerstes …

Und du, Faustyna, Geschenk Gottes an unsere Zeit, Geschenk Polens an die ganze Kirche, hilf uns, die Tiefe der göttlichen Barmherzigkeit zu erfassen, von ihr eine lebendige Erfahrung zu machen und diese vor unseren Brüdern zu bezeugen. Deine Botschaft des Lichtes und der Hoffnung verbreite sich in der ganzen Welt, sie führe die Sünder zur Umkehr, sie besänftige die Rivalitäten und den Hass und öffne die Menschen für eine gelebte Brüderlichkeit. Indem wir mit dir den Blick auf das Antlitz des auferstandenen Christus richten, machen wir uns dein Gebet der vertrauensvollen Hingabe zu eigen und sprechen mit fester Hoffnung: »*Jesus, ich vertraue auf dich!*«

(Predigt bei der Heiligsprechung, 30.4.2000)

Bernhard Lichtenberg (1875–1943)

Als junger Erwachsener hatte Karol Wojtyla die Schrecken der deutschen Besatzung Polens miterlebt, doch als Bischof gehörte er nach Kriegsende zu den treibenden Kräften einer polnisch-deutschen Aussöhnung. Zum Papst gewählt, kam Johannes Paul II. mehrmals nach Deutschland, um dort Kirchenleute seligzusprechen, welche Widerstand gegen die Nationalsozialisten geleistet hatten, etwa Edith Stein (1987, Köln) oder Rupert Mayer (1987, München).

Eine besondere Genugtuung war es für ihn, nach dem Fall der Mauer im wiedervereinigten Berlin Seligsprechungen vorzunehmen. Im Olympiastadion – dort, wo das Hitler-Regime 1936 die Olympischen Spiele ausgerichtet hatte – schrieb der Papst genau sechzig Jahre später Karl Leisner und Bernhard Lichtenberg in das Buch der Seligen ein.

An der Feier nahm auch Bundeskanzler Helmut Kohl teil. Beide, der Papst und der Kanzler, gingen am Abend dieses Tages Seite an Seite durch das Brandenburger Tor, ein Bild für die Geschichtsbücher. Für einige Polemik in den Medien sorgte allerdings ein Passus in der Predigt vom Morgen, in dem Johannes Paul seinen Vorgänger Pius XII. vor dem Vorwurf, zum Holocaust geschwiegen zu haben, in Schutz zu nehmen versuchte.

Der gebürtige Schlesier Lichtenberg, Domprobst an der Berliner Hedwigskathedrale, hatte nach der sogenannten Reichskristallnacht 1938, in der Synagogen niedergebrannt und jüdische Geschäfte zerstört worden waren, mehrmals öffentlich für die verfolgten Juden gebetet und einigen von ihnen – natürlich nicht ganz so öffentlich – beim Untertauchen geholfen. Für seine Unerschrockenheit bezahlte er mit zwei Jahren Haft, er starb auf dem Weg ins KZ Dachau.

Die Kraft der Kraftlosigkeit

Dompropst Bernhard Lichtenberg hat für die von Gott verliehene Würde aller Menschen Zeugnis abgelegt. Wir sehen in (seinem) Zeugnis die Kraft dessen, was Kraftlosigkeit zu sein scheint, die Kraft derer, die Gott kennen und die Gott kennt. Als er die Leiden seines auserwählten Volkes in der Sklaverei sieht, sagt Gott: »Ich kenne ihr Leid« (Ex 3,7) …

Dompropst Bernhard Lichtenberg hatte mit seinen eigenen Augen gesehen, was Menschen ihren Mitmenschen antun können, als er am 9. und 10. November 1938 die furchtbaren Spuren der Judenpogrome sah. Er sagte an jenem Abend auf der Kanzel der Sankt-Hedwigs-Kathedrale: »Draußen brennt der Tempel – das ist auch ein Gotteshaus«. Und er begann, jeden Abend öffentlich in der Kathedrale »für die verfolgten nichtarischen Christen, für die Juden« zu beten. Diese Gebete erstreckten sich in den folgenden Jahren auch auf »die Gefangenen in den Konzentrationslagern, für die Millionen namen- und staatenloser Flüchtlinge, für die verwundeten, sterbenden und kämpfenden Soldaten hüben und drüben, für die bombardierten Städte in Freundes- und Feindesland« (*Verhörprotokoll vom 25.10.1941*). Wegen dieses Gebetes denunziert, wurde er am 23. Oktober 1941 verhaftet. Zwei Jahre später starb er auf dem Transport in das Konzentrationslager Dachau.

(An den Zentralrat der Juden in Deutschland, Berlin, 23.6.1996)

Wahrheit Gottes und Würde des Menschen hängen zusammen

Christus ist die Wahrheit. Dafür hat Bernhard Lichtenberg bis zum letzten Atemzug Zeugnis abgelegt. Gegen die Lüge der nationalsozialistischen Ideologie bekannte Lichtenberg darum mutig: »Mein Führer ist Christus!«. Jeden Tag betete er in den Fürbitten des Abendgebetes »für die schwerbedrängten ›nichtarischen Christen‹, für die verfolgten Juden, für die Gefangenen in den Konzentrationslagern …«.

Dass der neue Selige ein Heiliger des fürbittenden Gebetes war, zeigt sich nicht nur in diesem Gebet für die Juden und die Häftlinge in den Konzentrationslagern, es zeigt sich ebenso in seinem Gebet für die geistlichen Berufe. Er war ein unermüdlicher Förderer des Apostolats für Priesterberufe. Seine Seligsprechung soll deswegen ein Anruf sein, den Welttag und die monatlichen Gebetstage für geistliche Berufe mit neuer Hingabe und Zuversicht zu begehen. Ich möchte euch auch ermutigen, in den Gemeinden und besonders im Päpstlichen Werk für geistliche Berufe im Sinn Bernhard Lichtenbergs die Sorge der Kirche mitzutragen.

Bernhard Lichtenberg erkannte klar, dass dort, wo die Wahrheit Gottes nicht mehr geachtet wird, auch die Würde des Menschen verletzt wird. Wo die Lüge herrscht, regiert auch immer das falsche und böse Handeln: »Die Taten eines Menschen sind die Konsequenzen seiner Grundsätze. Sind die Grundsätze falsch, werden Taten nicht richtig sein … Ich bekämpfe falsche Grundsätze, aus welchen falsche Taten entstehen müssen«, schreibt er im Protokoll seiner ersten Vorführung vor den Nazirichtern. Und er nannte auch einige dieser falschen Grundsätze klar und deutlich beim Namen: »… die Beseitigung des Religionsunterrichtes an den Schulen. Kampf gegen das Kreuz … Verweltlichung der Ehe, absichtliche Tötung angeblich lebensunwerten Lebens (Euthanasie), Judenverfolgung …«.

Auf der Basis seiner klaren Grundsätze sprach und agierte Bernhard Lichtenberg eigenständig und unerschrocken. Dennoch war er von Glück und Freude fast überwältigt, als ihm sein Bischof Konrad von Preysing beim letzten Besuch im Gefängnis eine Botschaft meines Vorgängers Pius XII. überbrachte, in der ihm dessen innigstes Mitgefühl und väterliche Anerkennung bezeugt wurde. Wer sich nicht auf billige Polemik beschränkt, weiß sehr wohl, was Pius XII. über das Nazi-Regime dachte und wie viel er unternommen hat, um unzähligen Menschen, die von jenem Regime verfolgt wurden, zu helfen.

Für Bernhard Lichtenberg war das Gewissen »der Ort … der heilige Raum, in dem Gott zum Menschen spricht …« (*Enzyklika Veritatis splendor*, 58). Und die Würde des Gewissens beruhte für ihn immer auf der Wahrheit (ebd. 63).

Liebe Schwestern und Brüder! Das Beispiel des seligen Bernhard ruft uns auf, »Mitarbeiter für die Wahrheit« (vgl. 3 Joh 8) zu werden. Lasst Euch nicht beirren, wenn Gott und der christliche Glaube auch in unseren Tagen schlechtgemacht oder verspottet werden. Bleibt der Wahrheit treu, die Christus ist. Meldet euch mutig zu Wort, wenn falsche Grundsätze wieder zu falschen Taten führen, wenn die Würde des Menschen verletzt oder die sittliche Ordnung Gottes in Frage gestellt wird.

In diesem Zusammenhang zeigt uns (der Brief des Apostels Paulus) an die Römer in gewissem Sinne eine tiefere Dimension der Wirklichkeit, in die das Leben und die Berufung der beiden Seligen eingebettet war. Es handelt sich um die *Wurzeln des Bösen selbst in der Geschichte* der Abstammung von Adam (»durch einen einzigen Menschen kam die Sünde in die Welt und durch die Sünde der Tod« [Röm 5, 12]).

»Doch anders als mit der Übertretung verhält es sich mit der Gnade; sind durch die Übertretung des einen die vielen dem Tod anheim gefallen, *so ist erst recht die Gnade Gottes und die Gabe*, die durch die Gnadentat des einen Menschen *Jesus Christus* bewirkt worden ist, *den vielen reichlich zuteil* geworden« (Röm 5, 15).

Zu Zeiten, als sich »die Sünde« durch das System absoluter Gewalttätigkeit und Grausamkeit als Herrin aufspielte, gewinnen *diese beiden Zeugen Christi*, die aus seiner Gnade die Kraft zum Sieg schöpfen, eine besondere Bedeutung. Die heutige Seligsprechung ist Beweis dafür. In ihr drückt sich *»die Erinnerung« der*

Kirche aus: »die Taten Gottes nicht vergessen« (Ps 77[78], 7). Mit Gottes Hilfe werden wir dann wie Bernhard Lichtenberg und wie der Apostel Paulus vor den kommenden Generationen sagen können: »… wir haben ihnen nicht nachgegeben, damit euch die Wahrheit des Evangeliums erhalten bleibe« (Gal 2, 5).

(Predigt bei der Seligsprechung in Berlin, 23.6.1996)

Gebet

Gott, unser Vater,
du hast in Jesus, deinem Sohn,
alle Menschen als deine Kinder angenommen.
Er ist allen Bruder und Freund geworden,
besonders den Armen und den Ausgegrenzten.

Sieh auf die vielen Menschen
überall auf der Welt,
die verachtet werden;
sieh auf die vielen,
die menschenunwürdig leben müssen.

Dein Diener Bernhard Lichtenberg
hat in dieser Stadt
als Zeuge des Glaubens und der Liebe gewirkt.
Er hat selber viel gelitten,
um Menschen in ihrer leiblichen
und seelischen Not beizustehen.

Er hat seine Freiheit
und sein Leben gewagt,
indem er für die Verfolgten des Nazi-Regimes,
besonders für die Juden,
eingetreten ist.

Wir bitten dich, Vater aller Menschen,
erlöse die Welt vom Übel des Egoismus

und der Gewalt.
Hilf uns, nach dem Beispiel Bernhard Lichtenbergs
die Menschen zu lieben,
wie du sie liebst:
bedingungslos und ohne Grenzen.
Erhöre unser Gebet
durch Jesus Christus, deinen Sohn,
unseren Herrn und Gott,
der in der Einheit des Heiligen Geistes
mit dir lebt und herrscht in alle Ewigkeit.

Amen.

(Gebet am Grab von Bernhard Lichtenberg in Berlin, 23.6.1996)

Mutter Teresa (1910–1997)

Sie ist auch für Nichtglaubende eine Ikone der Barmherzigkeit: Alle kennen Mutter Teresa, ihr zerfurchtes Gesicht, ihren Einsatz für die Ärmsten der Armen im indischen Kalkutta. Die gebürtige Albanerin aus dem heutigen Mazedonien, Gründerin der »Missionarinnen der Nächstenliebe« und Trägerin des Friedensnobelpreises, war Johannes Pauls »Lieblingsnonne«, wie Medien formulierten; immer wieder trafen die beiden aufeinander, in der Regel in Rom. Die beiden Heiligen verband vieles: die Herkunft aus Osteuropa, der frühe Tod des Vaters, die Marienverehrung, der missionarische Drang, der Einsatz für das menschliche Leben gerade da, wo es am verletzlichsten und gefährdetsten ist.

Bei seiner Indienreise 1986 besuchte der Papst sie in Kalkutta im Nirmal Hriday Ashram, dem Ort ihrer Initialzündung: Vierzig Jahre zuvor hatte sie Todkranke auf den Straßen der Metropole aufgelesen und hierher gebracht, in die Nähe eines Kali-Heiligtums, um sie gesund zu pflegen oder auch in Würde sterben zu lassen. Hand in Hand gingen der Papst und die Ordensfrau durch die Reihen der dahinsiechenden »Unberührbaren« – ein »Zeichen, das mehr als jede Predigt wiegt«, wie damals Hansjakob Stehle in der Zeit notierte (Ausgabe vom 7.2.1986). Zurück in Rom richtete Johannes Paul im Vatikan eine Anlaufstelle für Arme ein und übergab sie den Schwestern Mutter Teresas.

Es waren die Tatkraft und Beharrlichkeit der kleinen Nonne, die den Papst beeindruckten. Zwei Tage nach ihrem Tod sprach er vor seinem Angelus-Gebet ausführlich über sie und ihre »Energie der Liebe Christi« (Angelus, *7.9.1997). Er sorgte auch dafür, dass Mutter Teresa in Rekordzeit seliggesprochen werden konnte. 2016 leitete dann Franziskus während des von ihm ausgerufenen Heiligen Jahres der Barmherzigkeit ihre Heiligsprechung in Rom.*

Diese kleine, in Gott verliebte Frau

»Wer bei euch der Erste sein will, soll der Sklave aller sein« (Mk 10,44). Diese Worte … weisen den Weg zu der »Größe«, die dem Evangelium entspricht. Es ist der Weg, den Christus selbst bis zum Kreuz gegangen ist; ein Weg der Liebe und des Dienens, der jede menschliche Logik umstürzt. *Der Diener aller sein*!

Von dieser Logik hat sich *Mutter Teresa von Kalkutta*, die Gründerin der Missionare und Missionarinnen der Nächstenliebe, leiten lassen, die ich heute zu meiner Freude in das Verzeichnis der Seligen eintragen kann. Ich bin dieser mutigen Frau, deren Nähe ich immer gespürt habe, persönlich dankbar. Als *Ikone des barmherzigen Samariters* ging sie überall hin, um Christus in den Ärmsten der Armen zu dienen. Nicht einmal Konflikte und Kriege konnten sie aufhalten.

Ab und zu kam sie und erzählte mir von ihren Erfahrungen im Dienst an den Werten des Evangeliums. Ich erinnere mich zum Beispiel an ihre Stellungnahmen für das Leben und gegen die Abtreibung, auch anlässlich der Verleihung des Friedensnobelpreises (Oslo, 10. Dezember 1979). Sie pflegte zu sagen: »Wenn ihr hört, dass eine Frau ihr Kind nicht austragen, sondern abtreiben will, dann versucht sie zu überzeugen, dass sie mir dieses Kind bringt. Ich werde es lieben, weil ich in ihm ein Zeichen der Liebe Gottes sehe.«

Ist es nicht bedeutsam, dass ihre Seligsprechung gerade an dem Tag stattfindet, an dem die Kirche den *Weltmissionssonntag* feiert? Durch ihr Lebenszeugnis erinnert Mutter Teresa alle daran, *dass der Evangelisierungsauftrag der Kirche über die Nächstenliebe führt* und durch das Gebet und das Hören des Wortes Gottes genährt wird. Symbol dieses missionarischen Stils ist eine Aufnahme, die bei der neuen Seligen erkennbar wird, wenn sie in der einen Hand das Händchen eines Kindes festhält und durch die Finger der anderen Hand den Rosenkranz gleiten lässt.

Kontemplation und Aktion, Evangelisierung und menschliche Förderung. *Mutter Teresa* verkündet das Evangelium durch *ihr ganzes Leben, das sie den Armen gewidmet hat und das zugleich ganz vom Gebet erfüllt war.*

»Wer bei euch groß sein will, der soll euer Diener sein« (Mk 10,43). Tief bewegt gedenken wir heute Mutter Teresas, einer herausragenden Dienerin der Armen, der Kirche und der ganzen Welt. Ihr Leben ist ein Zeugnis für die Würde und den Vorrang des demütigen Dienstes. Sie wollte nicht nur die Geringste, sondern die *Dienerin der Geringsten* sein. Wie eine wahre Mutter der Armen beugte sie sich herab zu allen, die unter verschiedenen Formen von Armut leiden. Ihre Größe bestand in der Fähigkeit, zu geben, ohne die Kosten zu berechnen; zu geben, »bis es wehtut«. Ihr Leben war ein radikales Dasein und eine mutige Verkündigung des Evangeliums.

Jesu Ruf am Kreuz: »Mich dürstet!« (Joh 19,28), ein Ausdruck der tiefen Sehnsucht Gottes nach dem Menschen, durchdrang Mutter Teresas Seele und fand in ihrem Herzen fruchtbaren Boden. *Den Durst Jesu nach Liebe* und nach Seelen in Vereinigung mit Maria, der Mutter Jesu, zu stillen wurde das alleinige Ziel von Mutter Teresas Leben und die innere Kraft, die sie über sich selbst hinauswachsen und über den Globus »eilen« ließ, um für die Rettung und Heiligung der Ärmsten der Armen tätig zu sein.

»Was ihr für einen meiner geringsten Brüder getan habt, das habt ihr mir getan« (Mt 25,40). Dieser Satz aus dem Evangelium, der so entscheidend ist für das Verständnis von Mutter Teresas Dienst an den Armen, war die Grundlage ihrer vom Glauben erfüllten Überzeugung, *dass sie, wenn sie den gebrochenen Leib der Armen berührte, den Leib Christi berührte.* Ihr Dienst hatte Jesus zum Ziel, der sich unter der leidvollen Maske der Ärmsten der Armen verbirgt. Mutter Teresa erhellt den tiefsten Sinn des Dienens – eine Tat der Liebe für die Hungrigen, die Durstigen, die Fremden, die Nackten, die Kranken und die Gefangenen (vgl. Mt 25,34–36) ist für Jesus selbst getan.

Mutter Teresa fand ihre tiefste Erfüllung und lebte die *edelsten Eigenschaften ihres Frauseins* in der vollkommenen Hingabe ihrer selbst an Gott und den Nächsten. Sie wollte ein Zeichen »der Liebe Gottes, der Gegenwart Gottes und der Barmherzigkeit Gottes« sein und alle an den Wert und die Würde jedes Gotteskindes erinnern, das »geschaffen war, zu lieben und geliebt zu werden«. Mutter Teresa »führte also Seelen zu Gott, und den Seelen brachte sie Gott«, und sie stillte den Durst Christi, besonders nach denen in größter Not, nach denen, deren Gottesbild durch Leiden und Schmerzen getrübt war.

»Der Menschensohn ist gekommen, um zu dienen und sein Leben hinzugeben als Lösegeld für viele« (Mk 10,45). *Mutter Teresa* hat das Leiden des Gekreuzigten geteilt, in besonderer Weise in den langen Jahren »der inneren Finsternis«. Das war manchmal eine harte Prüfung, die sie als ein besonderes »Geschenk und Privileg« angenommen hat.

In den dunkelsten Stunden fand sie mit noch mehr Ausdauer Halt im Gebet vor dem allerheiligsten Altarsakrament. Diese schweren geistlichen Qualen haben sie dazu angeleitet, sich mit allen, denen sie Tag für Tag diente, immer mehr zu identifizieren, indem sie deren Schmerzen und manchmal sogar die Ablehnung erlebte. Sie sagte wiederholt, dass die größte Armut darin bestünde, unerwünscht zu sein und niemanden zu haben, der für einen sorgt.

»Lass deine Güte über uns walten, o Herr, denn wir schauen aus nach dir.« Wie oft hat Mutter Teresa in den Momenten innerer Trostlosigkeit wie der Psalmist zum Herrn gesagt: »Auf dich, auf dich, mein Gott, hoffe ich!«

Wir würdigen diese *kleine, in Gott verliebte Frau* als einfache Botin des Evangeliums und unermüdliche Wohltäterin der Menschheit. Wir ehren in ihr eine der bedeutendsten Persönlichkeiten unserer Zeit. Nehmen wir ihre Botschaft an und folgen wir ihrem Beispiel.

(Predigt bei der Seligsprechung, 19.10.2003)

Ihre Heiligkeit ist uns so nah

Mutter Teresa war in ihrem ganzen Leben eine großherzige Ausspenderin der göttlichen Barmherzigkeit, indem sie durch die Aufnahme und den Schutz des menschlichen Lebens – des ungeborenen wie des verlassenen und ausgesonderten – für alle da war. Sie setzte sich für den Schutz des Lebens ein und betonte immer wieder, dass »der ungeborene Mensch der schwächste, der kleinste und der ärmlichste ist«. Sie beugte sich über die Erschöpften, die man am Straßenrand sterben ließ, weil sie die Würde erkannte, die Gott ihnen verliehen hatte. Sie erhob ihre Stimme vor den Mächtigen der Welt, damit sie angesichts der Verbrechen – angesichts der Verbrechen! – der Armut, die sie selbst geschaffen hatten, ihre Schuld erkennen sollten. Die Barmherzigkeit war für sie das »Salz«, das jedem ihrer Werke

Geschmack verlieh, und das »Licht«, das die Dunkelheit derer erhellte, die nicht einmal mehr Tränen hatten, um über ihre Armut und ihr Leiden zu weinen.

Ihre Mission in den Randzonen der Städte und den Randzonen des Lebens bleibt in unserer Zeit ein beredtes Zeugnis für die Nähe Gottes zu den Ärmsten der Armen …

Ich denke, dass wir vielleicht ein bisschen Schwierigkeiten haben werden, sie heilige Teresa zu nennen. Ihre Heiligkeit ist uns so nah, so zärtlich und fruchtbar, dass wir wohl spontan weiter »Mutter Teresa« sagen werden. Diese unermüdliche Arbeiterin der Barmherzigkeit helfe uns, immer besser zu begreifen, dass das einzige Kriterium für unser Handeln die gegenleistungsfreie Liebe ist, die unabhängig von jeder Ideologie und jeder Bindung ist und sich über alle ergießt, ohne Unterscheidung der Sprache, der Kultur, der Ethnie oder der Religion. Mutter Teresa sagte gern: »Vielleicht spreche ich nicht ihre Sprache, aber ich kann lächeln.« Tragen wir ihr Lächeln in unserem Herzen und schenken wir es allen, denen wir auf unserem Weg begegnen, besonders den Leidenden. Auf diese Weise werden wir einer entmutigten Menschheit, die Verständnis und Zärtlichkeit braucht, Horizonte der Freude und der Hoffnung eröffnen.

(Franziskus, Predigt bei der Heiligsprechung, 4.9.2016)

Benedikt XVI.

Johannes Paul II. (1920–2005)

Das war eine Premiere in der an Windungen und Wirrungen doch so reichen Kirchengeschichte: Ein Papst spricht auf dem Petersplatz seinen Vorgänger selig, dessen enger Mitarbeiter er fast ein Vierteljahrhundert lang gewesen war. So geschehen im Jahr 2011: Da erklärte Benedikt XVI. seinen Vorgänger Johannes Paul feierlich zu einem Seligen der Weltkirche. Nur sechs Jahre zuvor hatte er, damals noch als Kardinal Joseph Ratzinger und Präfekt der Glaubenskongregation, auf demselben Platz das Requiem für den gerade verstorbenen Papst aus Polen gehalten. Sechs Jahre, und schon selig. Johannes Paul war auch in dieser Hinsicht ein Ausnahmepapst.

Benedikt war Gott, wie er unumwunden sagte, zutiefst dankbar »für die persönliche Erfahrung, die er mir gewährt hat, über eine lange Zeit Mitarbeiter des seligen Papstes Johannes Paul II. gewesen zu sein« (Predigt zur Seligsprechung, 1.5.2011). Sein, Ratzingers, Dienst in Rom sei in all diesen Jahren durch Johannes Pauls »spirituelle Tiefe und den Reichtum seiner Intuition getragen« worden.

Die beiden hatten sich persönlich erst in den beiden Konklaven des Jahres 1978 kennengelernt, an dem sie beide als Kardinäle teilnahmen. »Eine große Freundschaft« (Interview Benedikts im polnischen TV, 16.10.2005) sei damals entstanden, wenn auch »ohne große Worte«, wie der deutsche Papst rückblickend sagte. Ratzinger, ab Anfang der 80er Jahre in Rom, bewunderte den Elan, mit dem Johannes Paul zur Verkündigung des Evangeliums in die Welt hinauszog; aber er entdeckte, dass das Geheimnis der starken Außenwirkung dieses Papstes in seiner Innerlichkeit lag. »Vor allem, wenn ich ihn beten sah, habe ich gesehen und nicht nur verstanden, habe ich also gesehen, dass er ein Mann Gottes war. Das war der grundlegende Eindruck: Ein Mann, der mit Gott lebt …« (ebd.).

Ratzingers Bewunderung für seinen Vorgesetzten nahm in dessen letzten Lebensjahren, einer Zeit des unerbittlichen körperlichen Verfalls, noch zu. Von einem »Martyrium der Agonie« (Predigt, 2.4.2007) sprach er später. Als die Kardinäle dann ihn, Joseph Ratzinger, zum Nachfolger Johannes Pauls wählten, da hatte er das Gefühl, als stehe ihm der große Pole weiter zur Seite, irgendwie so wie früher: »Ich sehe ihn und höre ihn sprechen ... Ein Mensch, der zum Herrn geht, geht nicht weg« (Interview, s.o.).

Am 27. April 2014 wurde Johannes Paul von Papst Franziskus heiliggesprochen. Etwa eine Million Menschen war in Rom dabei – und auch der inzwischen emeritierte Papst Benedikt.

Er hat uns aus dem Schlaf aufgerüttelt

»Folge mir nach!« Als junger Student begeisterte sich Karol Wojtyla für die Literatur, das Theater und die Dichtung. Als er in einer Chemiefabrik arbeitete, umgeben und bedroht vom nationalsozialistischen Terror, hörte er die Stimme des Herrn: »Folge mir nach!« In dieser ganz besonderen Situation begann er, philosophische und theologische Bücher zu lesen, trat dann in das von Kardinal Sapieha im Untergrund geschaffene Priesterseminar ein und konnte nach dem Krieg seine Studien an der theologischen Fakultät der Jagellonen-Universität in Krakau vervollständigen. Oft hat er in seinen Schreiben an die Priester und in seinen autobiografischen Büchern von seinem priesterlichen Dienst gesprochen, zu dem er am 1. November 1946 geweiht worden war. In diesen Texten deutet er sein Priesteramt insbesondere im Licht von drei Worten des Herrn. Vor allem von diesem: »Nicht ihr habt mich erwählt, sondern ich habe euch erwählt und dazu bestimmt, dass ihr euch aufmacht und Frucht bringt und dass eure Frucht bleibt« (Joh 15,16). Das zweite Wort lautet: »Der gute Hirt gibt sein Leben hin für die Schafe« (Joh 10,11). Und schließlich: »Wie mich der Vater geliebt hat, so habe ich euch geliebt. Bleibt in meiner Liebe!«

(Joh 15,9). In diesen drei Worten erkennen wir die ganze Seele unseres Heiligen Vaters. Er ist wirklich unermüdlich überall hingegangen, um Frucht zu bringen, eine Frucht, die bleibt. »Auf, lasst uns gehen!« lautet der Titel seines vorletzten Buches. »Auf, lasst uns gehen!« Mit diesen Worten hat er uns aus einem müden Glauben, aus dem Schlaf der Jünger von gestern und heute aufgerüttelt. »Auf, lasst uns gehen!« sagt er auch heute zu uns. Der Heilige Vater ist dann Priester bis zum Äußersten gewesen, denn er hat sein Leben Gott dargebracht für seine Schafe und für die ganze Menschenfamilie durch seine tägliche Hingabe im Dienst an der Kirche und vor allem in den schweren Prüfungen der letzten Monate. So ist er eins geworden mit Christus, dem Guten Hirten, der seine Schafe liebt. Und schließlich: »Bleibt in meiner Liebe.« Der Papst, der die Begegnung mit allen gesucht hat, der die Fähigkeit zur Vergebung und zur Offenheit des Herzens gegenüber allen hatte, spricht auch heute zu uns mit diesen Worten des Herrn: Wenn wir in der Liebe Christi bleiben, lernen wir in der Schule Christi die Kunst der wahren Liebe.

»Folge mir nach!« Im Juli 1958 beginnt für den jungen Priester Karol Wojtyla ein neuer Abschnitt auf dem Weg mit dem Herrn und in der Nachfolge des Herrn. Karol war, wie gewohnt, mit einer Gruppe Jugendlicher, die begeisterte Kanufahrer waren, zu den Masurischen Seen in Urlaub gefahren. Aber er hatte einen Brief bei sich, in dem er aufgefordert wurde, sich beim Primas von Polen, Kardinal Wyszyński, vorzustellen, und er konnte den Zweck der Begegnung erraten: seine Ernennung zum Weihbischof von Krakau. Den Unterricht an der Hochschule aufgeben, diese anregende Gemeinschaft mit den Jugendlichen aufgeben, diesen intellektuellen Wettstreit aufgeben, um das Geheimnis des Menschen zu erkennen und auszulegen, um in der Welt von heute die christliche Verwirklichung unseres Daseins gegenwärtig zu machen – das alles musste ihm wie eine

Selbstaufgabe vorkommen, wie ein Verlust all dessen, was zur menschlichen Identität dieses jungen Priesters gehörte. »Folge mir nach!« – Karol Wojtyla nahm den Ruf an, weil er im Ruf der Kirche die Stimme Christi hörte. Und er lernte dann, wie wahr das Wort des Herrn ist: »Wer sein Leben zu bewahren sucht, wird es verlieren; wer es dagegen verliert, wird es gewinnen« (Lk 17,33). Unser Papst – das wissen wir alle – wollte nie das eigene Leben bewahren, es für sich behalten; er wollte sich ohne Vorbehalt, bis zum letzten Augenblick für Christus und auch für uns hingeben. Gerade so konnte er erfahren, dass alles, was er in die Hände des Herrn gelegt hatte, in neuer Weise zurückgegeben wurde: Die Liebe zum Wort, zur Dichtung, zur Literatur war ein wesentlicher Teil seiner Hirtensendung und hat der Verkündigung des Evangeliums neue Frische, neue Aktualität, neue Anziehungskraft verliehen, auch wenn es ein Zeichen ist, dem widersprochen wird.

»Folge mir nach!« Im Oktober 1978 hört Kardinal Wojtyla wiederum die Stimme des Herrn. Es wiederholt sich der Dialog mit Petrus, von dem heute im Evangelium dieses Gottesdienstes die Rede ist: »Simon, Sohn des Johannes, liebst du mich? Weide meine Schafe!« Auf die Frage des Herrn: Karol, liebst du mich?, antwortete der Erzbischof von Krakau aus tiefstem Herzen: »Herr, du weißt alles; du weißt, dass ich dich liebhabe.« Die Liebe Christi war die bestimmende Kraft in unserem geliebten Heiligen Vater; wer ihn hat beten sehen, wer ihn hat predigen sehen, weiß das. Und so konnte er dank dieser tiefen Verwurzelung in Christus eine Last tragen, die rein menschliche Kräfte übersteigt: Hirt der Herde Christi, seiner universalen Kirche zu sein …

In den ersten Jahren seines Pontifikats ging der Heilige Vater, noch jung und stark, unter der Führung Christi in alle Länder der Welt. Später aber vereinte er sich immer tiefer mit dem Leiden Christi … Und gerade in dieser Vereinigung mit dem leidenden Herrn verkündete er unermüdlich mit neuer Eindringlichkeit das Evangelium, das Geheimnis der Liebe, die bis zum Äußersten geht (vgl. Joh 13,1).

Er hat uns das österliche Geheimnis als Geheimnis der göttlichen Barmherzigkeit aufgezeigt. In seinem letzten Buch schreibt er: Die dem Bösen gesetzte Grenze »ist letztendlich die göttliche Barmherzigkeit« (*Erinnerung und Identität*, S. 75). Und im Hinblick auf das Attentat schreibt er: »Christus hat, indem er für uns alle litt, dem Leiden einen neuen Sinn verliehen, er hat es in eine neue Dimension erhoben, in eine neue Ordnung der Liebe ... Es ist das Leiden, welches das Böse mit der Flamme der Liebe verbrennt und aufzehrt und sogar aus der Sünde einen mannigfaltigen Reichtum an Gutem hervorbringt« (S. 208f.). Von dieser Vision beseelt, hat der Papst vereint mit Christus gelitten und geliebt, und deshalb ist die Botschaft seines Leidens und seines Schweigens so beredt und fruchtbar gewesen.

Göttliche Barmherzigkeit: Der Heilige Vater hat den reinsten Widerschein der Barmherzigkeit Gottes in der Mutter Gottes gefunden. Er, der im Kindesalter die Mutter verloren hatte, hat umso mehr die göttliche Mutter geliebt. Er hat die Worte des gekreuzigten Herrn gehört und auf sich persönlich bezogen: »Siehe deine Mutter!« Und er hat wie der Lieblingsjünger gehandelt: Er hat sie in seinem tiefsten Innern aufgenommen (*eis ta idia*: Joh 19,27) – *Totus tuus*. Und von der Mutter hat er gelernt, Christus ähnlich zu werden.

Für uns alle bleibt es unvergesslich, wie der Heilige Vater, vom Leiden gezeichnet, am letzten Ostersonntag seines Lebens noch einmal am Fenster des Apostolischen Palastes erschienen ist und zum letzten Mal den Segen *Urbi et orbi* erteilt hat. Wir können sicher sein, dass unser geliebter Papst jetzt am Fenster des Hauses des Vaters steht, uns sieht und uns segnet. Ja, segne uns, Heiliger Vater. Wir vertrauen deine liebe Seele der Mutter

Gottes, deiner Mutter, an, die dich jeden Tag geführt hat und dich jetzt in die ewige Herrlichkeit ihres Sohnes, Jesus Christus unseres Herrn, führen wird.

(Kardinal Ratzinger, Predigt beim Requiem für Johannes Paul II., 8.4.2005)

Selig bist du, weil du geglaubt hast

Vor nunmehr sechs Jahren befanden wir uns auf diesem Platz zur Begräbnisfeier von Papst Johannes Paul II. Groß war der Schmerz über den Verlust, aber noch größer war die Erfahrung einer unendlichen Gnade, die Rom und die ganze Welt umfing: die Gnade, die wie die Frucht des ganzen Lebens meines geliebten Vorgängers und besonders seines Zeugnisses im Leiden war. Schon an jenem Tag spürten wir den Duft seiner Heiligkeit ausströmen, und das Volk Gottes hat auf viele Weisen seine Verehrung für ihn zum Ausdruck gebracht. Daher wollte ich, dass sein Seligsprechungsprozess unter entsprechender Beachtung der Vorschriften der Kirche ziemlich rasch vorangehen konnte. Und heute ist der erwartete Tag gekommen; er ist schnell gekommen, weil es dem Herrn so gefallen hat: Johannes Paul II ist selig! …

Er hat die Gesellschaft, die Kultur, die Bereiche der Politik und der Wirtschaft für Christus geöffnet. Mit der Kraft eines Riesen – die er von Gott erhalten hat – hat er eine Tendenz umgedreht, die unumkehrbar erscheinen mochte. Mit seinem Zeugnis des Glaubens, der Liebe und des apostolischen Mutes, das von einer großen Menschlichkeit begleitet wurde, hat dieser beispielhafte Sohn der polnischen Nation den Christen auf der ganzen Welt geholfen, keine Angst zu haben, sich Christen zu nennen, zur Kirche zu gehören und vom Evangelium zu sprechen. Mit einem Wort, er hat uns geholfen, keine Angst vor der Wahrheit zu haben, denn die Wahrheit ist die Garantie der Freiheit. Noch einmal ganz kurz, er hat uns die Kraft wiedergegeben, an Christus zu glauben, weil Christus *Redemptor hominis*, der Erlöser des Menschen ist – das Thema seiner ersten Enzyklika und der Leitgedanke aller anderen …

Schließlich möchte ich auch Gott Dank sagen für die persönliche Erfahrung, die er mir gewährt hat, über eine lange Zeit Mitarbeiter des seligen Papstes Johannes Paul II. gewesen zu sein. Schon früher hatte ich Gelegenheit, ihn kennen und schätzen zu lernen. Doch ab 1982, als er mich als Präfekt der Kongregation für die Glaubenslehre nach Rom berief, konnte ich ihn 23 Jahre lang aus der Nähe erleben und habe seine Person immer mehr geschätzt. Mein Dienst wurde durch seine spirituelle Tiefe und den Reichtum seiner Intuition getragen. Sein beispielhaftes Beten hat mich immer berührt und erbaut: Er tauchte ein in die Begegnung mit Gott, auch inmitten der vielfältigen Obliegenheiten seines Dienstes. Und dann sein Zeugnis im Leiden: Der Herr hat ihm allmählich alles genommen, aber er ist stets der »Fels« geblieben, wie Christus es gewollt hat. Seine tiefe Demut, die in der inneren Einheit mit Christus wurzelte, hat es ihm erlaubt, die Kirche weiter zu leiten und der Welt eine noch beredtere Botschaft zu geben – gerade in der Zeit, als seine physischen Kräfte abnahmen. So hat er in einzigartiger Weise die Berufung eines jeden Priesters und Bischofs verwirklicht: ganz eins zu werden mit jenem Jesus, den er täglich in der Kirche empfängt und darbringt.

Selig bist du, geliebter Papst Johannes Paul II., weil du geglaubt hast! Wir bitten dich, stärke vom Himmel her weiter den Glauben des Volkes Gottes. So oft hast du uns auf diesem Platz vom Palast aus gesegnet. Heute bitten wir dich: Heiliger Vater, segne uns! Amen.

(Benedikt XVI, Predigt zur Seligsprechung, 1.5.2011)

Augustinus von Hippo (354–430)

Mit 23 Jahren schrieb Joseph Ratzinger in München seine Doktorarbeit über »Volk und Haus Gottes in Augustins Lehre von der Kirche«. Seither hat er sich immer wieder mit den Kirchenvätern, und speziell mit dem heiligen Augustinus von Hippo, beschäftigt – eine Faszination, die er als Papst auch in die Weltkirche hinein zu vermitteln suchte. In den Schriften der Väter und zumal des Augustinus glaubte Benedikt die ganze Frische der Neuheit des Evangeliums zu spüren; ihn interessierte die Auseinandersetzung des jungen Christentums mit den Denksystemen seiner Umwelt und der Versuch, Glaube und Vernunft nicht auseinanderdriften zu lassen, sondern zusammenzubinden. Dieser Imperativ aus den Schriften der Kirchenväter schien Benedikt auch für heute sehr wichtig.

Mit Augustinus verband den Papst (dessen Wahlspruch »Mitarbeiter der Wahrheit« war) vor allem die Suche nach der Wahrheit, das Interesse an der Wahrheitsfrage. Aber auch das Irrlichternde in Augustinus' Biografie zog ihn an: Der Rhetoriker aus dem römischen Nordafrika hatte anfangs für die christliche Religion seiner Mutter Monika nur Geringschätzung übrig und fand die Bibel in literarischer Hinsicht einfach unleserlich. Doch in Mailand, wo er mit einer Freundin und ihrem gemeinsamen Sohn zusammenlebte, beeindruckte ihn immer mehr die Predigt des damaligen Bischofs Ambrosius und das Zusammenleben in der christlichen Gemeinschaft. Er bekehrte sich – nach seiner eigenen Darstellung eine plötzliche Eingebung. Doch auch danach kam nicht gleich eine gerade Linie in sein Leben hinein. Die Confessiones *(Bekenntnisse), erste »moderne« Autobiografie der Geschichte, sprechen ausführlich von dem verschlungenen Weg, der ihn schließlich als Bischof nach Hippo im heutigen Algerien führte.*

Benedikt XVI. behandelte und zitierte Augustinus in jeder seiner drei Enzykliken. Er besuchte das Grab des Heiligen im nord-

italienischen Pavia und stellte ihn den Teilnehmern seiner Generalaudienz in fünf ausführlichen Katechesen vor. Interessant ist, dass er nicht nur von einer einzigen, sondern von mehreren Bekehrungen im Leben des heiligen Augustinus spricht.

Aufmerksamkeit für das Geheimnis Gottes

Selten konnte eine Zivilisation einen Menschen von solcher Geistesgröße vorweisen, der es verstand, ihre Werte aufzunehmen und ihren inneren Reichtum zu erhöhen, indem er Ideen und Formen erfand, von denen sich die Nachfahren nähren würden … Augustinus ist darüber hinaus der Kirchenvater, der die größte Zahl von Werken hinterlassen hat. Sein Biograf Possidius sagt: Es schien unmöglich, dass ein Mann so vieles in seinem Leben zu schreiben vermochte. Über diese verschiedenen Werke werden wir bei einer der nächsten Begegnungen sprechen. Heute wird unsere Aufmerksamkeit seinem Leben vorbehalten sein, das sich aus seinen Schriften gut rekonstruieren lässt, insbesondere aus den *Confessiones*, der außergewöhnlichen geistlichen Autobiografie, die zum Lob Gottes geschrieben wurde und sein berühmtestes Werk ist. Und das mit Recht, denn es sind gerade die *Confessiones* des Augustinus mit ihrer Aufmerksamkeit für die Innerlichkeit und die Psychologie, die ein einzigartiges Vorbild in der abendländischen Literatur, und nicht nur der abendländischen, auch der nichtreligiösen Literatur bis hin zur Moderne, darstellen. Diese Aufmerksamkeit für das geistliche Leben, für das Geheimnis des Ich, für das Geheimnis Gottes, das sich im Ich verbirgt, ist etwas Außerordentliches und noch nie Dagewesenes und bleibt für immer sozusagen ein geistlicher Höhepunkt.

(Generalaudienz, 9.1.2008)

Er hatte gedacht, er sei nur zur Philosophie berufen …

Augustinus kam im Jahre 354 in Thagaste in Numidien, dem heutigen Algerien, zur Welt. Sein Vater Patrizius war Heide, dann Katechumene. Seine Mutter, die heilige Monika, war dagegen eine ganz eifrige Christin, die Augustinus und seine Geschwister – er hatte einen Bruder und eine Schwester, die dann als Witwe Nonne und Äbtissin geworden ist – im christlichen Glauben unterwies. Er erhielt vor allem eine sehr gute Ausbildung in der Rhetorik, die damals eine der wichtigsten Disziplinen war und in der er selber ein gefeierter Lehrer wurde. Er hat allerdings beklagt, dass er als Schüler im Griechischen faul war, denn später als Bischof hätte er es gut brauchen können. Aber da war es zu spät.

Die Suche nach einer rechten »Lebensphilosophie« führte Augustinus zunächst zum Manichäismus, zu einem System, das erklärte, die Welt beruhe auf zwei Prinzipien, dem guten und dem bösen; so lasse sich alles erklären. Und die Moral sei zweigeteilt: für die Erwählten, die auf der Höhe angekommen sind, sehr streng und für die anderen auf der Vorstufe etwas lockerer. Und da er sich auf der Vorstufe fühlte, war dies für ihn sozusagen eine angenehme religiöse und philosophische Beheimatung. In seiner beruflichen Laufbahn kam er über Rom schließlich nach Mailand, in eine bedeutende Position als Rhetor am Kaiserhof. Unter dem Eindruck der Predigten des Bischofs Ambrosius bekehrte er sich aber und wurde in der Osternacht 387 getauft. Daraufhin entschloss er sich, in seine Heimat zurückzukehren; unterwegs erlitt er einen großen Schmerz durch den Tod seiner Mutter, die hier in Ostia, im damaligen Hafen von Rom, gestorben ist und begraben wurde. Er gründete zu Hause eine klösterliche Gemeinschaft, eigentlich eine Philosophengemeinschaft mit christlichem Grund, wurde aber bei einem Aufenthalt in Hippo während des Besuchs der Eucharistiefeier zu seiner Überraschung vom betagten Bischof Valerius nach vorn beordert, der sagte: Ich brauche schon lange einen Priester, der gut predigen kann – der Bischof konnte es nämlich nicht –, und so weihte er ihn zum Priester. Augustinus hatte gedacht, er sei nur zur Philosophie berufen, und er litt zunächst, als man ihm das pastorale Amt, das Priestertum, verlieh. Aber ist dann ganz hineingewachsen, wurde 395 Bischof, wirkte fast 40 Jahre segensreich dort und starb 430 während der Belagerung der Stadt durch die Vandalen.

(Generalaudienz, 9.1.2008)

Die drei Bekehrungen des heiligen Augustinus

Wer die *Confessiones* liest, kann den Weg mitvollziehen, den Augustinus in einem langen Ringen gehen musste, um schließlich in der Osternacht 387 am Taufbrunnen die große Wende seines Lebens zu empfangen. Wenn man das Leben des heiligen Augustinus aufmerksam verfolgt, kann man sehen, dass Bekehrung nicht ein punktuelles Ereignis, sondern eben ein Weg war. Und man kann sehen, dass dieser Weg am Taufbrunnen nicht zu Ende gewesen ist. Wie das Leben Augustins vor der Taufe, so ist es auf andere Weise auch danach ein Weg der Bekehrung geblieben – bis in die Todeskrankheit hinein, in der er die Buß-Psalmen auf der Wand anbringen ließ, um sie immer vor Augen zu haben; sich selbst von der Kommunion ausschloss, um noch einmal den Weg der Buße zu gehen und das Heil als Geschenk der Erbarmungen Gottes aus den Händen Christi zu empfangen. So dürfen wir zu Recht von den »Bekehrungen« Augustins sprechen, die eine einzige große Bekehrung im Suchen nach dem Angesicht Christi und dann im Mitgehen mit ihm gewesen sind.

Ich möchte kurz von *drei großen Einschnitten dieses Bekehrungsweges*, von *drei »Bekehrungen«* sprechen. Die erste grundlegende Bekehrung war der Weg zur Christwerdung, zum Ja des Glaubens und der Taufe. Was war das Wesentliche dieses

Weges? Augustinus war zum einen ein Mensch seiner Zeit, ganz von ihren Gewohnheiten und Leidenschaften, von allen Fragen und Problemen eines jungen Mannes gezeichnet. Er hat gelebt wie alle anderen auch, und doch war da etwas anders: Er ist immer ein Suchender geblieben. Er war nie einfach zufrieden mit dem Leben, wie es nun einmal ist und wie alle anderen es auch leben. Er war immer von der Frage nach der Wahrheit getrieben. Er wollte die Wahrheit finden. Herausbringen, was der Mensch ist; woher die Welt kommt; woher wir selber kommen, wohin wir gehen und wie wir das wirkliche Leben finden. Er wollte das rechte Leben finden, nicht einfach dahinleben. Die Leidenschaft für die Wahrheit ist das eigentliche Stichwort seines Lebens; die Leidenschaft für die Wahrheit hat ihn wirklich geleitet. Und da ist noch etwas Besonderes. Alles, was den Namen Christi nicht trug, reichte ihm nicht aus. Die Liebe zu diesem Namen, so sagt er uns, hatte er mit der Muttermilch getrunken (vgl. *Conf.* 3,4,8). Und immer glaubte er, einmal schwächer, einmal stärker, dass es Gott gibt und dass er sich unser annimmt (vgl. *Conf.* 6,5,8). Aber diesen Gott wirklich zu erkennen und diesen Jesus Christus wirklich kennenzulernen und mit allen Konsequenzen zu ihm ja zu sagen, das war das große Ringen seiner frühen Jahre ... Ich brauche nicht zu sagen, wie sehr dies alles uns angeht: Suchende bleiben, sich nicht zufriedengeben mit dem, was alle sagen und tun. Den Blick auf den ewigen Gott und auf Jesus Christus nicht verlieren. Die Demut des Glaubens in der leibhaftigen Kirche Jesu Christi, des fleischgewordenen Logos, erlernen.

Seine zweite Bekehrung schildert uns der heilige Augustinus am Ende des zehnten Buches seiner *Bekenntnisse* mit den Worten: »Niedergedrückt von meinen Sünden und der Last meiner Armseligkeit habe ich die Flucht in die Einsamkeit versucht. Aber du hast mich gehindert, mir Kraft gegeben und mir gesagt: ›Deshalb ist Christus für alle gestorben, damit diejenigen, die leben, nicht mehr für sich selber leben, sondern für den, der für alle gestorben ist‹« (2 Kor 5,15; *Conf.* 10,43,70). Was ist da geschehen? Nach seiner Taufe hatte Augustinus sich entschlossen, nach Afrika zurückzukehren, und dort mit seinen Freunden ein kleines Kloster gegründet. Sein Leben sollte nun ganz dem Gespräch mit Gott und dem gemeinsamen Bedenken und Beschauen der Schönheit und der Wahrheit seines Wortes gelten. So verbrachte er drei glückliche Jahre, in denen er sich am Ziel des Lebens angekommen glaubte; eine Reihe kostbarer theologisch-philosophischer Werke ist in dieser Zeit entstanden. Im Jahr 391 – vier Jahre nach der Taufe – besuchte er in der Hafenstadt Hippo einen Freund, den er für sein Kloster gewinnen wollte. Im Sonntagsgottesdienst, den er in der Kathedrale besuchte, wurde er erkannt. Der Bischof der Stadt, ein Grieche, der nur schlecht Latein sprach und mit dem Predigen Mühe hatte, redete in seiner Homilie nicht zufällig davon, dass er die Absicht habe, einen Priester wählen zu lassen, dem er auch das Predigtamt anvertrauen wolle. Unverzüglich packten die Leute Augustinus und führten ihn mit Gewalt nach vorn, damit er zum Priester in der Stadt geweiht werde. Unmittelbar nach seiner so erzwungenen Weihe schrieb Augustinus an Bischof Valerius: »… Ich fühle mich wie jemand, der nicht rudern kann und doch zum zweiten Steuermann ernannt worden ist. Das war auch der Grund, weshalb ich im stillen bei meiner Weihe geweint habe« (vgl. *Ep.* 21,1f.). Der schöne Traum des beschaulichen Lebens war zerrissen, das Leben Augustins von Grund auf geändert. Nun konnte er sich nicht mehr allein der Meditation in der Einsamkeit widmen. Nun musste er mit Christus für alle leben. Seine hohen Gedanken und Erkenntnisse musste er in das Denken und Sprechen der einfachen Menschen seiner Stadt übersetzen. Das große philosophische Lebenswerk, von dem er geträumt hatte, blieb ungeschrieben. Stattdessen wurde uns geschenkt, was mehr ist: das Evangelium übersetzt in die

Sprache des täglichen Lebens und seiner Leiden. Was nun sein Alltagsleben war, hat er so beschrieben: »Unruhestifter zurechtweisen, Kleingläubige trösten, sich der Schwachen annehmen, Gegner widerlegen …, Träge wachrütteln, Streitende besänftigen, Armen helfen, Unterdrückte befreien, Gute ermutigen, Böse ertragen und – ach – alle lieben« (*Serm.* 340,3). »Immer wieder predigen, disputieren, ermahnen, erbauen, für jeden bereitstehen. Das ist eine große Last, ein schwerer Druck, ein mühseliges Werk« (Serm. 339,4). Dies war die zweite und immer neu zu erringende Bekehrung dieses ringenden und leidenden Menschen: Immer neu für alle da sein und nicht für die eigene Vollkommenheit, immer neu mit Christus sein Leben weggeben, damit andere Ihn, das wahre Leben, finden konnten.

Es gibt noch *eine dritte Markierung auf dem Bekehrungsweg des heiligen Augustinus*. Nach seiner Priesterweihe hatte er sich Urlaub erbeten, um die heiligen Schriften gründlicher studieren zu können. Seine erste Predigtreihe nach dieser Besinnungspause handelte von der Bergpredigt, in der er den neu von Christus gezeigten Weg des rechten Lebens, »des vollkommenen Lebens« auslegte – als die Wanderung auf dem heiligen Berg von Gottes Wort. In diesen Predigten ist noch der ganze Enthusiasmus des neu gefundenen und gelebten Glaubens zu spüren: die feste Überzeugung, dass der Getaufte, der ganz der Botschaft Christi gemäß lebe, eben »vollkommen« im Sinne der Bergpredigt sein könne. Ungefähr 20 Jahre später hat Augustinus ein Buch unter dem Titel *Retractationes* geschrieben, in dem er seine bisherigen Werke kritisch sichtete und da Verbesserungen vornahm, wo er inzwischen Neues gelernt hatte. Da bemerkt er zum Vollkommenheitsideal seiner Predigten über die Bergpredigt: »Inzwischen habe ich erkannt, dass nur einer wirklich vollkommen ist und dass nur in einem die Worte der Bergpredigt ganz erfüllt sind: in Jesus Christus selbst. Die ganze

Kirche aber – wir alle, die Apostel eingeschlossen – müssen jeden Tag beten: Vergib uns unsere Schuld, wie auch wir vergeben unseren Schuldnern« (vgl. *Retr.* I,19,1–3). Augustinus hatte eine letzte Demut gelernt – nicht nur die Demut, sein großes Denken dem einfachen Glauben der Kirche einzufügen, nicht nur die Demut, seine großen Einsichten in die Einfachheit der Verkündigung zu übersetzen, sondern auch die Demut anzuerkennen, dass er und die ganze pilgernde Kirche immerfort der barmherzigen und täglich vergebenden Güte Gottes bedürfen und dass wir dann Christus, dem einzig Vollkommenen, am meisten ähnlich werden, wenn wir wie er zu Menschen der Barmherzigkeit werden.

(Predigt in Pavia, 22.4.2007)

Gregor von Nazianz (um 330 – um 390)

Es ist wohl eines der markantesten Verdienste des Pontifikats von Benedikt XVI., wieder neue Aufmerksamkeit für die Kirchenväter geweckt zu haben. In seinen Katechesen bei Generalaudienzen stellte er Woche für Woche viele von ihnen aus der West- wie aus der Ostkirche vor – und dabei war interessant, dass er nicht nur einen Abriss über denkerische Entwicklungen gab oder den Inhalt von Schriften referierte, sondern auch einiges daransetzte, die Lebensläufe möglichst farbig zu schildern.

Schon ein Jahr nach seiner Wahl hatte Benedikt in einem Interview gesagt, er hoffe auf neues Interesse an den Heiligen: »Vielleicht kann man auch Filme über solche Gestalten lancieren – ich könnte mir schöne Filme vorstellen. Ich kenne natürlich nur die Kirchenväter. Einen Film über Augustinus, über Gregor von Nazianz und seine ganz eigenartige Gestalt (weil er immer wieder davongelaufen ist, weil es ihm zuviel wurde und so)« (Interview, 5.8.2006). Damit könne man doch zeigen: »Es gibt ja nicht nur unsere verflixten Situationen, die uns jetzt im Film beschäftigen, es gibt wunderbare Gestalten der Geschichte, die nicht langweilig sind, sondern Gegenwart haben.«

Als eine solche »wunderbare Gestalt« stellte Benedikt auch Gregor von Nazianz vor, einen der Kirchenlehrer des 4. Jahrhunderts aus Kappadozien in der heutigen Türkei.

Treuer Diener, empfindsame Seele

Gregor kam aus einer adligen Familie. Seine Mutter weihte ihn von seiner Geburt an – diese fand um das Jahr 330 statt – Gott. Nach der ersten Erziehung in der Familie besuchte er die berühmtesten Schulen seiner Zeit: Zuerst war er in Cäsarea in Kappadokien, wo er Freundschaft schloss mit Basilius, dem zukünftigen Bischof jener Stadt, dann hielt er sich in anderen Metropolen der antiken Welt auf, wie in Alexandrien in Ägypten und vor allem in Athen, wo er Basilius wieder begegnete (vgl. *Oratio* 43,14–24: *SC* 38,146–180) …

Nach Hause zurückgekehrt, empfing Gregor die Taufe und strebte nach dem monastischen Leben: Die Einsamkeit, die philosophische und geistliche Betrachtung zogen ihn an. Er selbst schrieb später: »Etwas unvergleichlich Großes schien es mir zu sein, den Sinneseindrücken verschlossen, dem Fleisch und der Welt entrückt, in sich selbst versunken, mit Menschen nur, wo es notwendig ist, in Fühlung stehend, mit sich und Gott sprechend jenseits der sichtbaren Welt zu leben, die göttlichen Eingebungen stets rein, ungetrübt durch irdische, trügerische Eindrücke in sich zu bewahren, ein wahrhaft fehlerloser Spiegel Gottes und der göttlichen Ideen zu sein und, Licht für das Licht, Helligkeit für das Halbdunkel erhaltend, immer wieder zu werden, bereits das Glück der zukünftigen Welt hoffend zu genießen, mit den Engeln zu verkehren, noch auf Erden weilend, aber der Erde entrückt vom Geiste in den Himmel gehoben zu werden« (*Oratio* 2,7: *SC* 247,96).

Wie er in seiner Autobiografie bekennt (vgl. *Carmina [historica] de vita sua* 340–349: *PG* 37,1053), empfing er die Priesterweihe mit etwas Widerstreben, weil er wusste, dass er danach ein Hirte sein muss, der für die anderen und ihre Anliegen Sorge trägt, dass er also nicht mehr so gesammelt in reiner Betrachtung leben konnte. Dennoch nahm er dann diese Berufung an und übernahm den Hirtendienst in vollem Gehorsam. Er akzeptierte es, wie so oft in seinem Leben, von der Vorsehung dorthin geführt zu werden, wohin er nicht gehen wollte (vgl. Joh 21,18). Im Jahre 371 weihte sein Freund Basilius, der Bischof von Cäsarea war, Gregor gegen dessen eigenen Willen zum Bischof von Sasima, einem strategisch wichtigen Ort Kappadokiens. Aufgrund verschiedener Schwierigkeiten nahm er diese Diözese jedoch niemals in Besitz, sondern blieb in der Stadt Nazianz.

Um das Jahr 379 wurde Gregor in die Hauptstadt Konstantinopel gerufen, um die Leitung der kleinen katholischen Gemeinde zu übernehmen, die dem Konzil von Nizäa und dem trinitarischen Glauben treu war. Die Mehrheit hing dagegen dem Arianismus an, der »politisch korrekt« war und von den Kaisern als politisch nützlich erachtet wurde. So befand sich Gregor in einer Minderheitenposition und war von Feindseligkeit umgeben. In der kleinen Kirche der *Anastasis* hielt er fünf *Theologische Reden* (*Orationes* 27–31: *SC* 250,70–343), mit denen er den trinitarischen Glauben verteidigen und verständlich machen wollte. Diese Reden sind bis heute berühmt wegen ihrer Sicherheit der Lehre und Gewandtheit in der Argumentation, die wirklich zu verstehen gibt, dass dies die göttliche Logik ist. Und sie faszinieren heute auch durch ihre brillante Form. Aufgrund dieser Reden erhielt Gregor den Beinamen »der Theologe«. So wird er in der orthodoxen Kirche genannt: »der Theologe«, und zwar weil für ihn die Theologie keine rein menschliche Reflexion und noch weniger nur die Frucht komplizierter Spekulationen ist, sondern einem Leben des Gebets und der Heiligkeit entspringt, einem ständigen Dialog mit Gott. Und eben so lässt sie in unserem Verstand die Wirklichkeit Gottes aufscheinen, das Geheimnis der Dreifaltigkeit. Im kontemplativen Schweigen, das erfüllt ist vom Staunen über die Wunder des geoffenbarten Geheimnisses, nimmt die Seele die göttliche Schönheit und Herrlichkeit auf.

Als er 381 am Zweiten Ökumenischen Konzil teilnahm, wurde Gregor zum Bischof von Konstantinopel gewählt und übernahm den Vorsitz des Konzils. Aber sofort erhob sich starker Widerstand gegen ihn, bis die Situation schließlich untragbar wurde. Für eine so empfindsame Seele war diese Feindseligkeit unerträglich. Es wiederholte sich das, was Gregor bereits zuvor mit betrübten Worten beklagt hatte: »Wir, die wir so sehr Gott und Christus liebten, haben Christus geteilt. Um der Wahrheit willen haben wir einander belogen, um der Liebe willen haben wir Hass gesonnen, wegen des Ecksteines haben wir uns entzweit« (*Oratio* 6,3: SC 405,128). Das führte schließlich in einer gespannten Atmosphäre zu seiner Amtsniederlegung. In der Kathedrale hielt Gregor vor einer großen Menschenmenge eine Abschiedsrede, die viel Wirkung und Würde zeigte (vgl. *Oratio* 42: *SC* 384,48–114). Er schloss seine bewegte Rede mit diesen Worten: »Lebe wohl, du große Stadt, die du Christus liebst … Kindlein, bewahret mir das Glaubenserbe (vgl. 1 Tim 6,20), gedenket meiner Leiden (vgl. Kol 4,18)! Die Gnade unseres Herrn Jesus Christus sei mit euch allen« (vgl. Oratio 42,27: SC 384,112–114).

Er kehrte nach Nazianz zurück und widmete sich etwa zwei Jahre lang der Seelsorge der dortigen christlichen Gemeinde. Dann zog er sich endgültig in die Einsamkeit zurück, ins nahegelegene Arianz, seinem Heimatort, und widmete sich dem Studium und der Askese. Während dieser Zeit schrieb er den größten Teil seines poetischen und vor allem autobiografischen

Werkes: die Schrift *De vita sua*, eine Auslegung seines eigenen menschlichen und geistlichen Weges in Versform – der exemplarische Weg eines leidenden Christen, eines Menschen mit tiefem Innenleben in einer Welt voller Konflikte. Er ist ein Mensch, der uns den Primat Gottes spüren lässt und daher auch zu uns spricht, zu unserer heutigen Welt: Ohne Gott verliert der Mensch seine Größe, ohne Gott gibt es keinen wahren Humanismus. Hören wir daher auf diese Stimme und versuchen auch wir, das Antlitz Gottes kennenzulernen. In einem seiner Gedichte hatte er sich an Gott gewandt mit den Worten: »O sei mir gnädig, jenseits aller Erscheinung« (*Carmina* [*dogmatica*] 1,1,29: *PG* 37,508). Und im Jahre 390 nahm Gott diesen treuen Diener, der ihn mit scharfem Verstand in seinen Schriften verteidigt und mit soviel Liebe in seinen Gedichten besungen hatte, in seine Arme auf.

(Generalaudienz, 8.8.2007)

Sehnsucht nach der Vereinigung mit Gott

Der Nazianzener war ein gütiger Mann, und zu Lebzeiten versuchte er stets, Frieden zu stiften in der durch Streitigkeiten und Irrlehren gespaltenen Kirche seiner Zeit. Mit evangeliumsgemäßem Wagemut bemühte er sich, die eigene Schüchternheit zu überwinden, um die Wahrheit des Glaubens zu verkünden. Er verspürte zutiefst die Sehnsucht, sich Gott zu nähern, sich mit ihm zu vereinen. Das bringt er selbst in einem seiner Gedichte zum Ausdruck, wo er schreibt: inmitten der »mächtigen Fluten des Ozeans des Lebens, / von heftigen Stürmen hin- und hergeworfen, / … / ist mir nur eines lieb, mein einziger Reichtum, / Trost und Vergessen der Mühsal, / das Licht der Heiligen Dreifaltigkeit« (*Carmina* [*historica*] 2,1,15: *PG* 37,1250ff.) …

Gregor ließ das Licht der Dreifaltigkeit erstrahlen, indem er den vom Konzil von Nizäa verkündigten Glauben verteidigte: ein einziger Gott in drei gleichen und voneinander unterschiedenen Personen – Vater, Sohn und Heiliger Geist –, »dreifaches Licht, das in einem einzigen / Glanz sich vereint« (*Vesperhymnus: Carmina* [*historica*] 2,1,32: *PG* 37,512). Daher, sagt Gregor dem heiligen Paulus folgend (1 Kor 8,6), »haben wir doch nur einen Gott, den Vater, von dem alles ist, und einen Herrn, Jesus Christus, durch den alles ist, und einen Heiligen Geist, in dem alles ist« (*Oratio* 39,12: *SC* 358,172).

Gregor hat die volle Menschennatur Christi stark hervorgehoben: Um den Menschen in seiner Ganzheit – in Leib, Seele und Geist – zu erlösen, nahm Christus alle Elemente der menschlichen Natur an, denn sonst wäre der Mensch nicht gerettet worden. Gegen die Irrlehre des Apollinarios, der die Auffassung vertrat, dass Christus keine vernunftbegabte Seele angenommen habe, betrachtet Gregor das Problem im Licht des Geheimnisses der Erlösung: »Das, was nicht angenommen wurde, wurde nicht geheilt« (*Ep* 101,32: SC 208,50), und wenn Christus »keine Geistvernunft besessen hätte, wie hätte er dann Mensch sein können?« (*Ep* 101,34: SC 208,50). Eben unser Verstand, unsere Vernunft ist es, die der Beziehung zu Gott und der Begegnung mit ihm in Christus bedurfte und bedarf. Indem er Mensch wurde, hat Christus es uns ermöglicht, unsererseits wie er zu werden. Der Nazianzener mahnt: »Werden wir wie Christus, da Christus gleich uns geworden ist! Werden wir durch ihn Götter, da er durch uns Mensch geworden ist! Das Geringste nahm er auf sich, um das Beste zu geben« (*Oratio* 1,5: *SC* 247,78) …

Gregor lehrt uns vor allem die Wichtigkeit und die Notwendigkeit des Gebets. Er sagt, »man soll sich häufiger an Gott erinnern als man atmet« (*Oratio* 27,4: *PG* 250,78), denn im Gebet begegnet der Durst Gottes unserem Durst. Gott dürstet danach, dass wir nach ihm dürsten (vgl. *Oratio* 40,27: *SC* 358,260). Im Gebet müssen wir unser Herz Gott zuwenden, um uns ihm als eine Opfergabe, die geläutert und verwandelt werden soll, zu übergeben. Im Gebet sehen wir alles im Licht Christi, lassen wir unsere Masken fallen und versenken uns in die Wahrheit und in das Hören auf Gott und nähren so das Feuer der Liebe …

(Generalaudienz, 22.8.2007)

Jean-Marie Baptiste Vianney (1786–1859)

Zum 150. Jubiläum der Geburt des heiligen Pfarrers von Ars rief Benedikt XVI. 2009 ein »Jahr der Priester« aus – und machte am Beispiel Vianneys deutlich, wie er sich Seelsorge heute vorstellt. Damit polierte er zugleich das Bild dieses Dorfpfarrers auf, das im Lauf der Jahrzehnte doch arg Patina angesetzt hatte.

Vianney war nicht der Hellste: Der Bauernsohn flog durch eine Prüfung nach der anderen und schaffte es nur mit einer Sondererlaubnis, zur Priesterweihe zugelassen zu werden. Sein Bischof schickte ihn in ein 230-Seelen-Dorf, doch hier wirkte er im Lauf von Jahrzehnten wahre Wunder, der bisher in pastoraler Hinsicht karge Boden von Ars-sur-Formans brachte auf einmal reiche Frucht. Vor allem als unermüdlicher Beichtvater machte sich Vianney schon zu Lebzeiten einen Namen; der einfache, aber eifrige Priester stand schon bei den Zeitgenossen im Ruch der Heiligkeit. Sein Pfarrhaus ist heute noch im Originalzustand erhalten, es zeugt von äußerst kargen Lebensverhältnissen, ja von Elend.

Natürlich war der Pfarrer von Ars einem vorkonziliaren Priesterbild verhaftet, doch für Benedikt XVI. taugte er dennoch als Leitfigur für Seelsorger von heute. Allein schon wegen seiner Beharrlichkeit, seinem täglichen Einsatz im Hamsterrad des Herrn. »Ich selbst trage noch die Erinnerung an den ersten Pfarrer im Herzen, an dessen Seite ich meinen Dienst als junger Priester ausübte«, erzählte Benedikt: »Er hinterließ mir das Beispiel einer rückhaltlosen Hingabe an seine seelsorgliche Aufgabe bis zu seinem Tod, der ihn ereilte, als er einem Schwerkranken das Sakrament der Wegzehrung brachte.« (Brief zur Eröffnung des Jahres der Priester, *16.6.2009) So ein nimmermüder Priester sei auch der Pfarrer von Ars gewesen. Außerdem lasse sich von ihm das Rezept erfolgreicher Pastoral lernen: »die völlige Identifizierung mit der eigenen Aufgabe« (ebd.).*

Er war in Christus verliebt

Gewiss unterscheidet sich unsere Zeit von der, in der er lebte, aber sie ist in vielerlei Hinsicht von den gleichen grundlegenden menschlichen und geistlichen Herausforderungen geprägt. Gestern war der 150. Jahrestag seiner Geburt zum Himmel: Am 4. August 1859, um zwei Uhr morgens, ging Johannes Maria Vianney nach Beendigung seines irdischen Lebens dem himmlischen Vater entgegen, um das Reich in Besitz zu nehmen, das seit Erschaffung der Welt für jene bestimmt ist, die treu seiner Lehre folgen (vgl. Mt 25,34). Welch großes Fest muss im Paradies gewesen sein bei der Ankunft eines so eifrigen Hirten! Welch einen Empfang muss ihm die Schar der Kinder bereitet haben, die durch seine Arbeit als Pfarrer und Beichtvater mit dem himmlischen Vater versöhnt wurden! …

Johannes Maria Vianney wurde am 8. Mai 1786 in dem kleinen Dorf Dardilly in einer Bauernfamilie geboren, die arm war an materiellen Gütern, aber reich an Menschlichkeit und Glauben. Wie es in der Zeit guter Brauch war, wurde er noch am Tag seiner Geburt getauft. Die Jahre seiner Kindheit und Jugend verbrachte er mit Feldarbeit und beim Weiden der Tiere, und so war er im Alter von 17 Jahren noch Analphabet. Er wusste jedoch die Gebete auswendig, die seine fromme Mutter ihm beigebracht hatte, und er nährte sich von der religiösen Atmosphäre, die bei ihm zu Hause herrschte. Die Biografen berichten, dass er von frühester Jugend an versuchte, auch bei der Verrichtung der bescheidensten Aufgaben den Willen Gottes zu erfüllen. Im Herzen hegte er den Wunsch, Priester zu werden, aber es fiel ihm nicht leicht, ihn zu verwirklichen. Erst nachdem er nicht wenige Widrigkeiten und viel Unverständnis überwunden hatte, gelangte er zur Priesterweihe, dank der Hilfe weiser Priester, die nicht bei der Betrachtung seiner menschlichen Grenzen stehenblieben, sondern darüber hinausblickten und intuitiv den Horizont der Heiligkeit wahrnahmen, der sich in diesem wirklich einzigartigen jungen Mann abzeichnete. So wurde er am 23. Juni 1815 zum Diakon geweiht und am 13. August desselben Jahres zum Priester. Im Alter von 29 Jahren konnte er endlich nach vielen Ungewissheiten, nicht wenigen Misserfolgen und vielen Tränen an den Altar des Herrn treten und seinen Lebenstraum verwirklichen.

Der heilige Pfarrer von Ars bewies stets große Hochachtung vor dem Geschenk, das er erhalten hatte. Er sagte: »Wie großartig ist doch das Priestertum! Man wird es erst im Himmel wirklich verstehen … und verstünde man es auf Erden, so würde man sterben, nicht vor Angst, sondern aus Liebe!« (Abbé Monnin, *Esprit du Curé d'Ars*, S. 113). Als kleiner Junge hatte er sich auch der Mutter anvertraut: »Wenn ich Priester wäre, wollte ich viele Seelen gewinnen« (Abbé Monnin, *Procès de l'ordinaire*, S. 1064). Und so war es. Im Hirtendienst, der ebenso einfach wie außergewöhnlich fruchtbar war, konnte dieser unbekannte Pfarrer eines abgelegenen Dorfes in Südfrankreich sich so sehr mit seinem Priesteramt identifizieren, dass er – auch sichtbar und allgemein erkenntlich – zum »*alter Christus*« wurde, zum Bild des guten Hirten, der im Gegensatz zum bezahlten Knecht sein Leben hingibt für die Schafe (vgl. Joh 10,11). Nach dem Vorbild des guten Hirten gab er in den Jahrzehnten seines priesterlichen Dienstes sein Leben hin. Seine ganze Existenz war eine lebendige Katechese, die ganz besondere Wirkkraft bekam, wenn die Menschen sahen, wie er die

Messe feierte, in Anbetung vor dem Tabernakel kniete oder viele Stunden im Beichtstuhl verbrachte.

Der Mittelpunkt seines ganzen Lebens war also die Eucharistie, die er mit frommer Hochachtung feierte und anbetete. Ein weiteres Grundmerkmal dieses außergewöhnlichen Priesters war der unermüdliche Dienst im Beichtstuhl. In der Praxis des Bußsakraments erkannte er die logische und natürliche Erfüllung des priesterlichen Apostolats, gehorsam gegenüber dem Auftrag Christi: »Wem ihr die Sünden vergebt, dem sind sie vergeben; wem ihr die Vergebung verweigert, dem ist sie verweigert« (Joh 20,23). Der heilige Johannes Maria Vianney zeichnete sich also als hervorragender und unermüdlicher Beichtvater und geistlicher Lehrer aus. In einer einzigen inneren Bewegung« ging er über »vom Altar zum Beichtstuhl, wo er einen großen Teil des Tages verbrachte, und versuchte auf alle Arten, durch Predigt und überzeugenden Ratschlag, die Mitglieder seiner Pfarrei die Bedeutung und die Schönheit der sakramentalen Buße neu entdecken zu lassen, indem er sie als eine mit der eucharistischen Gegenwart innerlich verbundene Notwendigkeit darstellte.

Die pastoralen Methoden des heiligen Johannes Maria Vianney mögen für die gegenwärtigen gesellschaftlichen und kulturellen Verhältnisse wenig geeignet erscheinen. Wie soll ein heutiger Priester ihn nachahmen, in einer Welt, die sich so sehr verändert hat? Es ist wahr, dass die Zeiten sich ändern und viele Charismen personengebunden, also unnachahmlich sind. Dennoch gibt es einen Lebensstil und eine tiefe Sehnsucht, die zu pflegen wir alle berufen sind. Genauer betrachtet war das, was den Pfarrer von Ars heilig gemacht hat, seine demütige Treue zu der Sendung, zu der Gott ihn berufen hatte, seine immerwährende vertrauensvolle Hingabe in die Hände der göttlichen Vorsehung. Nicht kraft seiner menschlichen Fähigkeiten und auch nicht ausschließlich durch den Einsatz seines Willenseifers – so lobenswert dieser auch sein mag – gelang es ihm, die Herzen der Menschen zu berühren. Er eroberte die Seelen, auch die widerspenstigsten, indem er ihnen das vermittelte, was er im Innersten lebte: seine Freundschaft mit Christus. Er war in Christus »verliebt«, und das wahre Geheimnis seines pastoralen Erfolgs war seine Liebe zum verkündigten, gefeierten und gelebten eucharistischen Geheimnis. Sie wurde zur Liebe für die Herde Christi, für die Christen und für alle Menschen, die Gott suchen. Sein Zeugnis erinnert uns daran, liebe Brüder und Schwestern, das für jeden Getauften, und noch mehr für den Priester, die Eucharistie »nie bloß ein Geschehen zu zweien, ein Dialog zwischen Christus und mir [ist]. Die eucharistische Kommunion zielt auf eine totale Umgestaltung des eigenen Lebens ab. Sie bricht das ganze Ich des Menschen auf und schafft ein neues Wir« (Joseph Ratzinger, *Weggemeinschaft des Glaubens. Kirche als Communio*, S. 69).

Die Gestalt des heiligen Johannes Maria Vianney darf also keinesfalls auf ein – wenn auch bewundernswertes – Beispiel für die durch Frömmigkeit geprägte Spiritualität des 19. Jahrhunderts reduziert werden. Im Gegenteil: Man muss die prophetische Kraft wahrnehmen, die seine äußerst aktuelle Persönlichkeit als Mensch und Priester auszeichnet. Im nachrevolutionären Frankreich, das eine Art von »Diktatur des Rationalismus« erlebte, die darauf ausgerichtet war, die Anwesenheit der Priester und der Kirche in der Gesellschaft auszulöschen, lebte er zunächst – in seiner Jugendzeit – einen heroischen Glauben im Untergrund und ging in der Nacht kilometerweit, um an der heiligen Messe teilzunehmen. Dann – als Priester – zeichnete er sich durch eine einzigartige und fruchtbare pastorale Schaffenskraft aus, was beweist, dass der damals vorherrschende Rationalismus in Wahrheit weit davon entfernt war, die wahren Bedürfnisse des Menschen zu stillen, und dass er daher letztendlich nicht lebbar war.

Liebe Brüder und Schwestern, 150 Jahre nach dem Tod des heiligen Pfarrers von Ars sind die Herausforderungen der heutigen Gesellschaft nicht weniger anspruchsvoll; vielleicht sind sie sogar komplexer geworden. Wenn es damals die »Diktatur des Rationalismus« gab, so lässt sich in der heutigen Zeit in vielen Bereichen eine Art »Diktatur des Relativismus« verzeichnen. Beide sind keine geeignete Antwort auf den berechtigten Wunsch des Menschen, seine Vernunft in vollem Maße einzusetzen als charakteristisches und formendes Element seiner eigenen Identität. Der Rationalismus war dafür ungeeignet, weil er die Grenzen des Menschen außer Acht ließ und den Anspruch erhob, nur die Vernunft zum Maß aller Dinge zu erheben, die er so zur Göttin machte; der gegenwärtige Relativismus demütigt die Vernunft, weil er soweit geht zu behaupten, dass der Mensch nichts mit Gewissheit erkennen kann, was über den empirischen wissenschaftlichen Bereich hinausgeht. Ebenso wie damals ist der Mensch, der »nach Sinn und Erfüllung fleht« auch heute ständig auf der Suche nach erschöpfenden Antworten auf die grundlegenden Fragen, die er sich unablässig stellt.

(Generalaudienz, 5.8.2009)

Thomas von Aquin (um 1225–1274)

Der Aquinate, Fixstern aller Gottesdenker, bedeutete auch Benedikt XVI. viel. Schließlich steht er wie kein anderer für das wichtigste Thema Benedikts, nämlich die Vereinbarung von Glauben und Vernunft. Der Katechismus der Katholischen Kirche, der Ende der achtziger, Anfang der neunziger Jahre unter der Federführung des damaligen Kardinals Joseph Ratzinger entstand, erwähnt außer dem heiligen Augustinus keinen anderen Kirchenschriftsteller so oft wie Thomas, wie Ratzinger nach seiner Wahl zum Papst einmal vorrechnete, »insgesamt 61 Mal!« (Generalaudienz, 2.6.2010)

Thomas von Aquin betrieb die Theologie in einem Moment, in dem die antike Philosophie des Aristoteles in Westeuropa neu bekannt und rezipiert wurde. Ihn beeindruckte diese »Erklärung der Welt ohne Offenbarung, allein durch die Vernunft« (Generalaudienz, 16.6.2010). Sie bewog ihn dazu, das christliche Denken nicht länger als eine umfassende Philosophie anzusehen, mit der sich schlechthin alles in der Welt erklären lässt, sondern Philosophie und Theologie voneinander zu trennen.

»Es gab«, so beschrieb Benedikt XVI. das damalige Dilemma, »eine vollständige und in sich selbst überzeugende ›Philosophie‹, eine dem Glauben vorangehende Vernünftigkeit, und dann die ›Theologie‹, ein Denken mit dem Glauben und im Glauben« (ebd.). Das habe natürlich die Frage aufgeworfen, inwiefern sich beide Arten des Denkens miteinander verbinden lassen – und darauf habe Thomas die entscheidende Antwort gefunden. »Der Beweis dieser Unabhängigkeit zwischen Philosophie und Theologie und gleichzeitig ihrer gegenseitigen Bezogenheit war die historische Sendung des großen Meisters.«

Aus der Sicht Benedikts XVI. hatte der Autor der »Summa theologiae« »eine weite und vertrauensvolle Auffassung von der menschlichen Vernunft« – weiter und vertrauensvoller, als wir sie heutzutage oft haben. »Es ist nicht erstaunlich, dass die Lehre über die Würde der Person, die für die Anerkennung der Unantastbarkeit der Menschenrechte grundlegend ist, in geistigen Umfeldern herangereift ist, die das Erbe des heiligen Thomas von Aquin … aufgegriffen haben.« (Ebd.)

Ihm zuzuhören bedeutete tiefes Glück

Thomas wurde zwischen 1224 und 1225 im Schloss geboren, das seine adlige und wohlhabende Familie in Roccasecca bei Aquino nahe der berühmten Abtei von Montecassino besaß, wohin er von seinen Eltern gesandt wurde, um die ersten Elemente seiner Bildung zu erhalten. Einige Jahre später ging er nach Neapel, in die Hauptstadt des Königreichs Sizilien, wo Friedrich II. eine angesehene Universität gegründet hatte. Dort wurde ohne die andernorts geltenden Beschränkungen das Denken des griechischen Philosophen Aristoteles gelehrt, in das der junge Thomas eingeführt wurde und dessen großen Wert er sofort erfasste. Vor allem aber erfuhr er in diesen Jahren, die er in Neapel verbrachte, seine Berufung als Dominikaner. Thomas fühlte sich vom Ideal des Ordens angezogen, der erst wenige Jahre zuvor vom heiligen Dominikus gegründet worden war. Als er jedoch den Habit der Dominikaner angelegt hatte, widersetzte sich seine Familie dieser Entscheidung; er war gezwungen, den Konvent zu verlassen und einige Zeit bei seiner Familie zu verbringen.

Im Jahre 1245 konnte der nunmehr Volljährige seinen Weg der Antwort auf den Ruf Gottes wieder aufnehmen. Er wurde nach Paris gesandt, um dort unter der Leitung eines anderen Heiligen, Albertus Magnus, über den ich kürzlich gesprochen habe, Theologie zu studieren. Albertus und Thomas schlossen eine wahre und tiefe Freundschaft; sie lernten einander schätzen und hatten ein solches Wohlwollen füreinander, dass Albert sogar wünschte, dass sein Schüler ihm nach Köln folgen sollte, wohin er von den Ordensoberen gesandt worden war, um ein theologisches »Studium« zu gründen. Damals kam Thomas mit allen Werken des Aristoteles und seiner arabischen Kommentatoren in Berührung, die Albert erläuterte und erklärte.

In jener Zeit hatte die Kultur der lateinischen Welt aus der Begegnung mit den Werken des Aristoteles, die über lange Zeit unbekannt gewesen waren, tiefe Impulse erhalten. Es handelte sich um Schriften über das Wesen der Erkenntnis, die Naturwissenschaften, die Metaphysik, die Seele und die Ethik, Schriften, die reich an Informationen und Erkenntnissen sind, die wertvoll und überzeugend zu sein schienen. Es war eine vollständige Weltanschauung, die ohne und vor Christus entwickelt worden war, aus der reinen Vernunft heraus, und sie schien sich der Vernunft als »die« Weltanschauung schlechthin aufzuerlegen; für die jungen Menschen war es daher unglaublich faszinierend, diese Philosophie zu sehen und kennenzulernen. Viele übernahmen mit Begeisterung, ja mit unkritischer Begeisterung diesen enormen Schatz des antiken Wissens. Es schien, dass er die Kultur zu ihrem Vorteil erneuern und ganz neue Horizonte öffnen könne. Andere wiederum fürchteten, dass das heidnische Denken des Aristoteles im Widerspruch zum christlichen Glauben stünde, und weigerten sich, es zu studieren. Zwei Kulturen begegneten einander: die vorchristliche Kultur des Aristoteles mit ihrer radikalen Rationalität und die klassische christliche Kultur. Gewisse Kreise lehnten Aristoteles auch auf Grund der Vorstellungen ab, die die arabischen Kommentatoren Avicenna und Averroës von diesem Philosophen gaben. Sie nämlich waren es, die der lateinischen Welt die aristotelische Philosophie vermittelt hatten. Diese Kommentatoren hatten zum Beispiel gelehrt, dass die Menschen nicht über eine personale Intelligenz verfügen, sondern dass es einen einzigen universalen Intellekt gibt, eine allen gemeinsame geistliche Substanz, die in allen als »eine« wirkt: eine Entpersönlichung des Menschen also. Ein weiterer fragwürdiger Punkt, der von den arabischen Kommentatoren vertreten wurde, war der, dass die Welt ewig sei wie Gott. Verständlicherweise entbrannten in der universitären und in der kirchlichen Welt endlose Debatten. Die aristotelische Philosophie verbreitete sich sogar unter den einfachen Menschen.

In der Schule von Albertus Magnus widmete sich Thomas von Aquin einer Arbeit, die von grundlegender Bedeutung für die Geschichte der Philosophie und der Theologie war, ich würde sogar sagen: für die Geschichte der Kultur. Er studierte gründlich Aristoteles und jene, die ihn auslegten, und besorgte sich neue lateinische Übersetzungen der griechischen Originaltexte. So stützte er sich nicht mehr nur auf die arabischen Kommentatoren, sondern konnte die Originaltexte persönlich lesen und kommentierte einen großen Teil der aristotelischen Werke, wobei er das Gültige von dem unterschied, was zweifelhaft oder völlig abzulehnen war, die Übereinstimmung mit der christlichen Offenbarung zeigte und das aristotelische Denken in den Darlegungen der theologischen Schriften anwandte, die er verfasste. Letztendlich zeigte Thomas von Aquin, dass zwischen dem christlichen Glauben und der Vernunft eine natürliche Harmonie besteht. Das war das große Werk des Thomas: In dem Augenblick, wo zwei Kulturen aufeinanderprallten – in dem Augenblick, wo es schien, dass der Glaube sich der Vernunft ergeben müsse –, hat er gezeigt, dass sie zusammengehen, dass das, was mit dem Glauben nicht vereinbare Vernunft zu sein schien, keine Vernunft war, und dass das, was Glaube zu sein schien, kein Glaube war, wenn es zur wahren Vernünftigkeit im Gegensatz stand; so hat er eine neue Synthese geschaffen, welche die Kultur der nachfolgenden Jahrhunderte geformt hat.

Aufgrund seiner hervorragenden intellektuellen Fähigkeiten wurde Thomas wieder als Theologieprofessor nach Paris auf den Lehrstuhl der Dominikaner berufen. Hier begann auch sein literarisches Schaffen, das er bis zu seinem Tod fortsetzte und das fast wunderbare Züge trägt: Kommentare zur Heiligen Schrift, denn ein Theologieprofessor legte vor allem die Schrift aus, Kommentare zu den Schriften des Aristoteles, umfangreiche systematische Arbeiten, unter denen die *Summa theologiae* herausragt, Traktate und Predigten über verschiedene Themen. Für die Abfassung seiner Schriften standen ihm einige Sekretäre zur Seite, darunter sein Mitbruder Reginald von Piperno, der ihm treu folgte und mit dem ihn eine brüderliche und aufrichtige Freundschaft verband, die von großer Vertrautheit und großem Vertrauen geprägt war. Das ist ein Merkmal der Heiligen: Sie pflegen die Freundschaft, denn diese ist eine der edelsten Ausdrucksformen des menschlichen Herzens, die in sich etwas Göttliches birgt, wie Thomas selbst in einigen »Quaestiones« der *Summa theologiae* erläutert hat, wo er schreibt: »Die Liebe ist die Freundschaft des Menschen vor allem mit Gott und mit den Wesen, die ihm gehören« (II, q. 23, a.1).

Er blieb nicht lange ständig in Paris. Im Jahre 1259 nahm er am Generalkapitel der Dominikaner in Valenciennes teil, wo er Mitglied einer Kommission war, die das Studienprogramm des Ordens festlegte. Von 1261 bis 1265 war Thomas dann in Orvieto. Papst Urban IV., der ihn sehr schätzte, beauftragte ihn mit der Verfassung der liturgischen Texte für das infolge des eucharistischen Wunders von Bolsena eingerichtete Fronleichnamsfest, das wir morgen feiern werden. Thomas hatte eine erlesene eucharistische Seele. Die wunderschönen Hymnen, mit denen die Liturgie der Kirche das Geheimnis der Realpräsenz des Leibes und des Blutes des Herrn in der Eucharistie feiert, werden seinem Glauben und seiner theologischen Weisheit zugeschrieben. Von 1265 bis 1268 lebte Thomas in Rom, wo er wahrscheinlich ein »Studium« leitete, also ein Studienhaus des Ordens, und wo er begann, seine *Summa theologiae* zu schreiben. Im Jahre 1269 wurde er für einen zweiten Vorlesungszyklus wieder nach Paris berufen. Die Studenten waren – verständlicherweise – von seinen Vorlesungen begeistert. Einer seiner ehemaligen Studenten sagte, dass eine solche Menge von Studenten den Vorlesungen des Thomas folgte, dass die Hörsäle sie kaum fassen konnten. Und in einer persönlichen Anmerkung fügte er hinzu, dass für ihn »ihm zuzuhören tiefes Glück bedeutet«. Die von Thomas gegebenen Auslegungen des Aristoteles wurden nicht von allen angenommen, aber selbst seine Gegner im akademischen Bereich, wie zum Beispiel Gottfried von Fontaines, räumten ein, dass die Lehre des Bruders Thomas andere an Nützlichkeit und Wert übertraf und als Korrektiv für die Lehren aller anderer Gelehrten diente. Vielleicht auch, um ihn den lebhaften Debatten zu entziehen, die entbrannt waren, sandten ihn die Oberen wieder nach Neapel, wo er sich König Karl I. zur Verfügung stellte, der die Universitätsstudien neu organisieren wollte. Außer dem Studium und der Lehre widmete sich Thomas auch der Predigt für das Volk. Und auch das Volk hörte ihn gern. Ich denke, es ist wirklich eine große Gnade, wenn Theologen mit Einfachheit und Eifer zu den Gläubigen sprechen können. Anderseits vermittelt der Predigtdienst den Theologen einen gesunden pastoralen Realismus und bereichert ihre Forschungen durch lebendige Impulse.

Die letzten Monate von Thomas' irdischem Leben sind in eine besondere, ich würde sagen geheimnisvolle Atmosphäre gehüllt. Im Dezember 1273 rief er seinen Freund und Sekretär Reginald zu sich, um ihm seinen Entschluss mitzuteilen, alle Arbeiten abzubrechen, da er während der Feier der Messe infolge einer übernatürlichen Offenbarung verstanden hatte, dass alles, was er bisher geschrieben hatte, nichts weiter als »ein Haufen Spreu« war. Diese geheimnisvolle Episode hilft uns nicht nur, die persönliche Demut des Thomas, sondern auch die Tatsache zu verstehen, dass alles, was wir über den Glauben denken und sagen können, so erhaben und rein es auch sein mag, von der Größe und der Schönheit Gottes unendlich übertroffen wird, die uns in Fülle im Paradies offenbart werden wird. Einige Monate später, immer mehr in nachdenkliche Betrachtung versunken, starb Thomas auf einer Reise nach Lyon, wo er am Ökumenischen Konzil teilnehmen sollte, das Papst Gregor X. einberufen hatte. Er starb in der Zisterzienserabtei von Fossanova, nachdem er mit großer Frömmigkeit die Wegzehrung empfangen hatte. Das Leben und die Lehre des heiligen Thomas von Aquin könnte man mit einer Episode zusammenfassen, die von den frühen Biografen überliefert wird. Während der Heilige am frühen Morgen in der Kapelle »San Nicola« in Neapel wie üblich im Gebet vor dem Gekreuzigten verharrte, wohnte der Sakristan der Kirche, Domenico von Caserta, einem Dialog bei. Thomas fragte besorgt, ob das, was er über die Geheimnisse des christlichen Glaubens geschrieben habe, richtig sei. Und der Gekreuzigte antwortete: »Thomas, du hast gut geschrieben über mich. Was willst du dafür?« Und Thomas gab die Antwort, die auch wir, Freunde und Jünger Jesu, ihm immer geben wollen: »Nur dich allein, Herr!« (vgl. ebd.).

(Generalaudienz, 2.6.2010)

Apostel Paulus (um 10 v. Chr. – zwischen 60 und 68)

Saulus, Paulus: eine der großen, prägenden Gestalten des Christentums. Ein glaubensstarker Jude mit römischem Bürgerrecht und dem Beruf des Zeltwebers, der (wohl unter dem Eindruck einer Vision des Auferstandenen) zu einem Jünger Christi wird, zum Völkerapostel und zum Autor zahlreicher Briefe an christliche Gemeinden, die zu den ältesten Texten des Neuen Testaments gehören.

Benedikt XVI. bewunderte an Paulus nicht nur die geschliffenen Formulierungen und das kühne Denken seiner Briefe, sondern auch die Unermüdlichkeit, mit der er in der griechisch-römischen Welt das Evangelium verkündete. Das berühmte Damaskuserlebnis, das aus dem Christenverfolger Saulus den Apostel Paulus machte, hält der Papst für eine authentische Gotteserfahrung. »Ihm ist nicht nur der historische Jesus, sondern der lebendige Christus erschienen.« (Generalaudienz, 3.9.2008) In dieser Hinsicht lehre Paulus auch uns Heutige etwas ganz Entscheidendes – dass nämlich »auch für uns das Christentum keine neue Philosophie oder eine neue Moral ist. Wir sind nur dann Christen, wenn wir Christus begegnen« (ebd.).

Während Benedikts Pontifikat wurde 2006 die Grablege des heiligen Paulus unter der nach ihm benannten Basilika Sankt Paul vor den Mauern wiederentdeckt. Besucher der Basilika können sie seitdem durch eine Glasplatte sehen, direkt vor dem Hauptaltar. Für Benedikt XVI. bleibt Paulus, dem er 2008 ein eigenes Themenjahr widmete, »durch die Jahrhunderte bis heute der wahre Lehrer und Apostel der Völker« (Generalaudienz, 4.2.2009).

Keine Gestalt der Vergangenheit, sondern unser Lehrer

Wer war Paulus? Vor der aufgeregten Menschenmenge im Tempel zu Jerusalem, die ihn hatte töten wollen, stellt er sich selbst mit diesen Worten vor: »Ich bin ein Jude, geboren in Tarsus in Kilikien, hier in dieser Stadt (Jerusalem) erzogen, zu Füßen Gamaliëls genau nach dem Gesetz der Väter ausgebildet, ein Eiferer für Gott …« (Apg 22,3). Am Ende seiner Wege sagt er über sich: »Ich wurde eingesetzt … als Lehrer der Völker im Glauben und in der Wahrheit« (1 Tim 2,7; vgl. 2 Tim 1,11). Lehrer der Völker – Apostel und Verkünder Jesu Christi nennt er sich im Rückblick auf seinen Lebensweg. Aber der Blick geht dabei nicht nur in die Vergangenheit. Lehrer der Völker – dieses Wort öffnet sich in die Zukunft hinein auf alle Völker und Generationen hin. Paulus ist für uns nicht eine Gestalt der Vergangenheit, derer wir achtungsvoll gedenken. Er ist auch unser Lehrer, auch für uns Apostel und Verkünder Jesu Christi …

Fragen wir also nicht nur: Wer war Paulus? Fragen wir vor allem: Wer ist Paulus? Was sagt er mir? Ich möchte … drei Texte aus dem reichen Zeugnis des Neuen Testaments herausgreifen, in denen seine innere Physiognomie, das Eigentliche seines Wesens erscheint. Im Brief an die Galater hat er uns ein ganz persönliches Glaubensbekenntnis geschenkt, in dem er vor den

Lesern aller Zeiten sein Herz auftut – sagt, was die innerste Triebkraft seines Lebens ist. »… Ich lebe im Glauben an den Sohn Gottes, der mich geliebt und sich für mich hingegeben hat« (2,20). Alles, was Paulus tut, geschieht von dieser Mitte her. Sein Glaube ist die Erfahrung des ganz persönlichen Geliebtseins von Jesus Christus; er ist Wissen darum, dass Christus nicht irgendwie ins Allgemeine hinein gestorben ist, sondern ihn – Paulus – geliebt hat und als Auferstandener ihn heute liebt; dass er für ihn sich gegeben hat. Sein Glaube ist das Getroffensein von der Liebe Jesu Christi, die ihn bis ins Innerste erschüttert und umwandelt. Sein Glaube ist nicht eine Theorie, nicht eine Meinung über Gott und die Welt. Sein Glaube ist das Auftreffen der Liebe Gottes in seinem Herzen. Und so ist dieser Glaube selbst Liebe zu Jesus Christus.

Paulus wird von vielen vor allem als streitbarer Mann hingestellt, der das Schwert des Wortes zu führen weiß. In der Tat, an Auseinandersetzungen hat es auf seinem Weg als Apostel nicht gefehlt. Er hat nicht nach oberflächlicher Harmonie gesucht. In dem ersten seiner Briefe, der an die Thessalonicher ging, sagt er selber: »Wir haben … das Evangelium Gottes trotz harter Kämpfe freimütig und furchtlos bei euch verkündet … Nie haben wir mit unseren Worten zu schmeicheln versucht, das wisst ihr« (1 Thess 2,2.5). Die Wahrheit war ihm zu groß, als dass er bereit gewesen wäre, sie für den äußeren Erfolg zu opfern. Die Wahrheit, die er in der Begegnung mit dem Auferstandenen erfahren hatte, war ihm des Streites, der Verfolgung, des Leidens wert. Aber was ihn zuinnerst trieb, war das Geliebtsein von Jesus Christus und das Weitergeben dieser Liebe. Paulus war ein Liebender, und all sein Wirken und Leiden erklärt sich nur von dieser Mitte her. Die tragenden Grundbegriffe seiner Verkündigung sind einzig von da aus zu verstehen. Nehmen wir uns nur eines seiner Herzworte vor: die Freiheit. Die Erfahrung des radikalen Geliebtseins von Christus hatte ihm die Wahrheit und den Weg der menschlichen Existenz sichtbar gemacht – alles war darin enthalten. Paulus war frei als ein von Gott Geliebter und von ihm her Mitliebender. Diese Liebe ist nun das »Gesetz« seines Lebens und ebenso die Freiheit seines Lebens. Er spricht und handelt aus der Verantwortung der Liebe heraus. Freiheit und Verantwortung sind hier untrennbar eins. Weil er in der Verantwortung der Liebe steht, ist er frei; weil er ein Liebender ist, lebt er ganz in der Verantwortung dieser Liebe und nimmt Freiheit nicht als Deckmantel für Willkür und Egoismus. Aus dem gleichen Geist heraus hat der heilige Augustinus das berühmt gewordene Wort formuliert: *»Dilige et quod vis fac«* (*Tract* 1 *Joa* 7,7–8) – liebe und tue, was du willst. Wer Christus wie Paulus liebt, kann in der Tat tun, was er will, weil seine Liebe dem Willen Christi und so dem Willen Gottes geeint ist – weil sein Wille festgemacht ist in der Wahrheit und weil sein Wille nicht mehr der bloße Eigenwille, die Willkür des autonomen Ich ist, sondern hineingenommen ist in die Freiheit Gottes und von ihr her den Weg empfängt.

Auf der Suche nach der inneren Physiognomie des heiligen Paulus möchte ich an zweiter Stelle an das Wort erinnern, das der auferstandene Christus auf dem Weg nach Damaskus an ihn gerichtet hat. Der Herr ruft ihm zuerst zu: »Saulus, Saulus, warum verfolgst du mich?« Auf die Frage hin: »Wer bist du, Herr?« erfolgt die Antwort: »Ich bin Jesus, den du verfolgst« (Apg 9,4f.). Indem Saulus die Kirche verfolgt, verfolgt er Jesus selbst. »Du verfolgst *mich*.« Jesus identifiziert sich mit der Kirche in einem einzigen Subjekt. In diesem Ruf des Auferstandenen, der das Leben des Saulus umwandelte, ist im Grund schon die ganze Lehre von der Kirche als Leib Christi enthalten. Christus hat sich nicht in den Himmel zurückgezogen und auf Erden eine Schar von Anhängern zurückgelassen, die »seine Sache« weiter betreiben. Die Kirche ist nicht ein Verein, der eine bestimmte Sache voranbringen will. In ihr geht es nicht um eine Sache. In ihr geht es um die Person Jesu Christi, der auch als Auferstandener Fleisch geblieben ist. Er hat »Fleisch und Knochen« (Lk 24,39), so sagt es der Auferstandene bei Lukas zu den Jüngern, die ihn für einen Geist gehalten hatten. Er hat Leib. Er ist selbst da in seiner Kirche, »Haupt und Leib« ein einziges Subjekt, wird Augustinus sagen. »Wisst ihr nicht, dass eure Leiber Glieder Christi sind?« schreibt Paulus an die Korinther (1 Kor 6,15). Er fügt hinzu: Wie Mann und Frau nach der Genesis miteinander ein Fleisch werden, so wird Christus mit den Seinen ein Geist, das heißt ein einziges Subjekt in der neuen Welt der Auferstehung (1 Kor 6,16ff.). In alledem scheint das eucharistische Geheimnis durch, in dem Christus immerfort seinen Leib schenkt und uns zu seinem Leib macht: »Ist das Brot, das wir brechen, nicht Teilhabe am Leib Christi? Ein Brot ist es. Darum sind wir viele ein Leib; denn wir alle haben teil an dem einen Brot« (1 Kor 10,16f.). Mit diesem Wort redet uns in dieser Stunde nicht nur Paulus, sondern der Herr selber an: Wie konntet ihr meinen Leib zerreißen? Vor dem Angesicht Christi wird dieses Wort zugleich zur dringlichen Bitte: Führe uns zusammen aus allen Trennungen. Lass es heute neu Wirklichkeit werden: Ein Brot ist es. Darum sind wir viele ein Leib. Das Wort von der Kirche als Leib Christi ist für Paulus nicht irgendein beliebiger Vergleich. Es geht weit über einen Vergleich hinaus. »Warum verfolgst du *mich*?« Immerfort zieht uns Christus in seinen Leib hinein, baut seinen Leib von der eucharistischen Mitte her auf, die für Paulus Zentrum christlicher Existenz ist, von der aus alle und jeder einzelne ganz persönlich erfahren darf: Er hat *mich* geliebt und sich für *mich* dahingegeben.

Ans Ende möchte ich ein spätes Wort des heiligen Paulus stellen, einen Zuruf an Timotheus vom Gefängnis her im Angesicht des Todes. »Leide mit mir für das Evangelium«, sagt der Apostel zu seinem Schüler (2 Tim 1,8). Dieses Wort, das wie ein

Testament am Ende der Wege des Apostels steht, weist zurück auf den Anfang seiner Sendung. Während Saulus nach der Begegnung mit dem Auferstandenen blind in seiner Wohnung in Damaskus weilte, erhielt Hananias den Auftrag, zu dem gefürchteten Verfolger zu gehen und ihm die Hände aufzulegen, damit er wieder sehe. Auf den Einwand des Hananias hin, dass dieser Saulus ein gefährlicher Christenverfolger sei, ergeht die Antwort: »Dieser Mann … soll meinen Namen vor Völker und Könige … tragen. Ich werde ihm auch zeigen, wieviel er für meinen Namen leiden muss …« (Apg 9,15f.). Der Auftrag zur Verkündigung und die Berufung zum Leiden für Christus gehören untrennbar zusammen. Die Berufung zum Lehrer der Völker ist zugleich und in sich selbst eine Berufung zum Leiden in der Gemeinschaft mit Christus, der uns durch sein Leiden erlöst hat. Die Wahrheit kostet Leiden in einer Welt, in der die Lüge Macht hat. Wer dem Leiden ausweichen, es von sich fernhalten will, der weicht dem Leben und seiner Größe selber aus; er kann nicht Diener der Wahrheit und so des Glaubens sein. Liebe gibt es nicht ohne Leid – ohne das Leid des Verzichts auf sich selbst, der Umwandlung und Reinigung des Ich in die wahre Freiheit hinein. Wo nichts ist, das des Leidens wert wäre, da verliert auch das Leben selbst seinen Wert. Die Eucharistie – die Mitte unseres Christseins – beruht auf der Hingabe Jesu Christi für uns, sie ist aus der Passion der Liebe geboren, die im Kreuz ihren Höhepunkt fand. Von dieser sich schenkenden Liebe leben wir.

(Predigt zur Eröffnung des Paulusjahres in der römischen Basilika Sankt Paul vor den Mauern, 28.6.2008)

John Henry Newman (1801–1890)

Eigentlich hatte Benedikt XVI. angeordnet, dass ein Papst nur noch Heiligsprechungen selbst vornehmen sollte, weil sie ja für die ganze Weltkirche relevant seien; Seligsprechungen hingegen sollte ein Kardinal in Vertretung des Papstes in der Ortskirche vornehmen, in der der entsprechende Selige gewirkt hatte. Doch bei Newman machte Benedikt eine Ausnahme von seiner eigenen Regel – zu groß war sein Interesse an diesem gestrengen Anglikaner, der im England des 19. Jahrhunderts einen spektakulären Übertritt in die katholische Kirche vollzog und seiner neuen Kirche, mit dem Kardinalshut auf dem Kopf, den Weg in die Moderne zeigte. Eine überraschende Saulus-Paulus-Geschichte mitten in den anti-katholischen Kreisen von Oxford und London.

Benedikt reiste 2010 eigens nach Birmingham, um den Denker Newman seligzusprechen und ihm den alten christlichen Titel des »Bekenners« zuzusprechen. Newman sei »vor allem ein moderner Mensch« gewesen, formulierte der Papst schon auf dem Hinflug (Fliegende Pressekonferenz, 16.9.2010) – ein Mensch, der sich immer einen Schuss Skepsis bewahrte und »der das Problem der Moderne in seiner ganzen Tragweite erlebte, einschließlich des Problems des Agnostizismus … Ein Mensch, der sein ganzes Leben lang auf dem Weg war, um sich von der Wahrheit verwandeln zu lassen.« Newmans Suche habe auch innerhalb der katholischen Kirche nie aufgehört.

Bei aller Modernität und innerer Unruhe sei Newman aber auch ein profunder Kenner der Kirchenväter und ein Mann des Gebets gewesen, sagte der Papst anerkennend. Sogar als »eine Brücke zwischen Anglikanern und Katholiken« würdigte er ihn (ebd.) – und das, obwohl längst nicht alle Spitzenkräfte der anglikanischen Weltkirche die Begeisterung des katholischen Papstes für einen ihrer »abtrünnigen« Denker teilten.

Ein wahrer christlicher Realist

Schon lange hat Newman, wie ihr wisst, mein eigenes Leben und Denken in besonderer Weise beeinflusst, wie er es bei so vielen Menschen über diese Inseln hinaus getan hat. Das Drama von Newmans Leben lädt uns ein, unser Leben zu überprüfen, es vor dem weiten Horizont der Pläne Gottes zu betrachten und in Gemeinschaft mit der Kirche zu jeder Zeit und an jedem Ort zu wachsen: die Kirche der Apostel, die Kirche der Märtyrer, die Kirche der Heiligen, die Kirche, die Newman liebte und für deren Sendung er sein ganzes Leben einsetzte …

Ich möchte mit dem Gedanken beginnen, dass Newman, wie er selbst berichtet, die Entwicklung seines ganzen Lebens auf eine einschneidende Erfahrung der Umkehr als junger Mann zurückführte. Es war eine direkte Erfahrung der Wahrheit des Wortes Gottes, der objektiven Realität der christlichen Offenbarung, wie sie in der Kirche überliefert ist. Diese zugleich religiöse wie auch verstandesmäßige Erkenntnis hat seine Berufung als Diener des Evangeliums, seine Einsicht über den Ursprung der Lehrautorität der Kirche Gottes und seinen Eifer für die Erneuerung des kirchlichen Lebens in Treue zur apostolischen Tradition beeinflusst. Am Ende seines Lebens beschreibt Newman sein Lebenswerk als einen Kampf gegen die wachsende Tendenz, die Religion als bloß private und subjektive Angelegenheit, als Frage von persönlicher Meinung zu betrachten. Das ist die erste Lehre, die wir von seinem Leben lernen können: Wenn heutzutage ein intellektueller und moralischer Relativismus die wahren Fundamente unserer Gesellschaft zu untergraben droht, erinnert uns Newman daran, dass wir Menschen, die wir Abbild Gottes und ihm ähnlich sind, erschaffen wurden, um die Wahrheit zu erkennen und in dieser Wahrheit unsere höchste Freiheit und die Erfüllung unserer tiefsten menschlichen Sehnsucht zu finden. Kurz gesagt, wir sind dazu bestimmt, Christus zu erkennen, der selbst »der Weg und die Wahrheit und das Leben« ist (Joh 14,6).

Das Leben von Newman weist uns darauf hin, dass Leidenschaft für Wahrheit, intellektuelle Aufrichtigkeit und echte Umkehr sehr anspruchsvoll sind. Wir können die Wahrheit, die uns frei macht, nicht für uns selbst behalten; sie ruft zum Zeugnis auf, sie will gehört werden, und letztlich kommt ihre überzeugende Kraft aus ihr selbst und nicht von menschlicher Beredsamkeit oder von Argumenten, in denen sie möglicherweise verborgen ist …

Schließlich lehrt uns Newman, dass es keine Trennung geben kann zwischen dem, was wir glauben, und der Art, wie wir unser Leben gestalten, wenn wir die Wahrheit Christi angenommen und ihm unser Leben übergeben haben. Jeder Gedanke, jedes Wort und jede Handlung soll auf Gott und auf die Ausbreitung seines Reiches gerichtet sein. Newman verstand das und war der große Verfechter des prophetischen Amtes der christlichen Laien. Er erkannte klar, dass wir die Wahrheit nicht so sehr auf rein intellektuelle Weise annehmen, sondern sie vielmehr mit einer geistigen Dynamik erfassen sollen, die bis ins Innerste unseres Wesens dringt …

In einer der bevorzugten Meditationen des Kardinals heißt es: »Gott hat mich erschaffen, damit ich ihm einen besonderen Dienst erweise. Er hat mir eine Aufgabe übertragen, die er keinem anderen übergeben hat« (*Meditationen über die christliche Lehre*). Das ist Newmans wahrer christlicher Realismus, die unumgängliche Schnittstelle von Glauben und Leben. Durch das Wirken des Heiligen Geistes im Leben und im Tun der Gläubigen soll der Glaube für die Umwandlung der Welt fruchtbar werden.

(Vigil im Hyde Park von London, 18.9.2010)

Zutiefst menschliche Sicht des priesterlichen Dienstes

England hat eine lange Tradition heiliger Märtyrer, deren mutiges Zeugnis der katholischen Gemeinschaft hier über Jahrhunderte hin Halt und Ansporn gewesen ist. Doch es ist recht und angemessen, dass wir heute die Heiligkeit eines Bekenners anerkennen, eines Sohnes dieser Nation, der zwar nicht berufen war, sein Blut für den Herrn zu vergießen, der aber trotzdem im Laufe eines langen, dem priesterlichen Dienst und besonders der Verkündigung, der Lehre und dem Schreiben gewidmeten Lebens ein beredtes Zeugnis für ihn abgelegt hat. Er ist würdig, in einer langen Reihe von Heiligen und Gelehrten dieser Inseln seinen Platz einzunehmen …

Das Motto von Kardinal Newman »*cor ad cor loquitur* – das Herz spricht zum Herzen« gibt uns einen Einblick in sein Verständnis des christlichen Lebens als Berufung zur Heiligkeit, die als der sehnliche Wunsch des menschlichen Herzens erfahren wird, in innige Gemeinschaft mit dem Herzen Gottes zu gelangen. Der Kardinal erinnert uns daran, dass die Treue zum Gebet uns allmählich verwandelt und Gott ähnlich werden lässt. In einer seiner vielen schönen Predigten schrieb er: »So hat die Gewohnheit des Betens, die Übung, sich Gott und der unsichtbaren Welt zu jeder Zeit, an jedem Ort und bei jedem Anlass zuzuwenden, … sozusagen eine natürliche Wirkung, indem es die Seele vergeistigt und emporhebt. Der Mensch ist dann nicht mehr, was er zuvor war; allmählich … hat er eine neue Ideenwelt eingesogen und ist von neuen Grundsätzen durchdrungen« (*Parochial and Plain Sermons*, IV, 230–231) … Die Lehre des seligen John Henry über das Gebet erklärt, wie der treue Christ endgültig in den Dienst des einen wahren Meisters genommen wird, der allein Anspruch auf unsere bedingungslose Hingabe hat (vgl. Mt 23,10). Newman hilft uns zu verstehen, was das für unser tägliches Leben bedeutet: Er sagt uns, dass unser göttlicher Lehrer jedem von uns eine spezielle Aufgabe zugewiesen hat, einen »bestimmten Dienst«, der jedem einzelnen Menschen ganz persönlich anvertraut ist: »Ich habe meine Sendung«, schrieb er, »ich bin ein Glied in einer Kette, ein verbindendes Element zwischen Personen. Gott hat mich nicht umsonst erschaffen. Ich soll Gutes tun und sein Werk vollbringen. Ich soll auf meinem Posten ein Engel des Friedens, ein Prediger der Wahrheit sein … wenn ich nur seine Gebote halte und ihm in meiner Berufung diene« (*Meditations and Devotions*, 301–302).

Der bestimmte Dienst, zu dem der selige John Henry berufen war, beanspruchte seinen scharfen Verstand und seine produktive Feder und lenkte sie auf viele der dringenden »Tagesthemen«. Seine Einsichten in die Beziehung von Glaube und Vernunft, in den wichtigen Stellenwert der Offenbarungsreligion in der Zivilgesellschaft und in die Notwendigkeit einer breit fundierten und weit gefächerten Ausrichtung der Erziehung waren nicht nur bedeutend für das viktorianische England, sondern inspirieren und erleuchten heute noch viele Menschen in aller Welt. Ich möchte besonders seine Sicht der Erziehung würdigen, die so sehr dazu beigetragen hat, den Ethos zu prägen, der heute als treibende Kraft hinter den katholischen Schulen und Colleges steht. Als ein entschiedener Gegner jedes reduktiven und utilitaristischen Ansatzes suchte er ein pädagogisches Umfeld zu schaffen, in dem intellektuelle Übung, moralische Disziplin und religiöses Engagement miteinander verbunden sein sollten. Der Plan, in Irland eine katholische Universität zu gründen, gab ihm die Gelegenheit, seine Ideen zu dem Thema zu entwickeln, und die Sammlung der Reden, die er unter dem Titel *The Idea of a University* veröffentlichte, stellt ein Ideal auf, von dem alle in der akademischen Bildung Beschäftigten weiterhin lernen können. Und in der Tat: Welches Ziel könnten Religionslehrer sich setzen, das besser wäre als der berühmte Appell des seligen John Henry für einen intelligenten, gut unterrichteten Laien: »Ich wünsche mir Laien, nicht arrogant, nicht vorlaut, nicht streitsüchtig, sondern Menschen, die ihre Religion kennen, die sich auf sie einlassen, die ihren eigenen Standpunkt kennen, die wissen, woran sie festhalten und was sie unterlassen, die ihr Glaubensbekenntnis so gut kennen, dass sie darüber Rechenschaft ablegen können, die über so viel geschichtliches Wissen verfügen, dass sie ihre Religion zu verteidigen wissen« (*The Present Position of Catholics in England*, IX, 390) …

Während es verständlicherweise das intellektuelle Vermächtnis von John Henry Newman ist, das in der umfangreichen, seinem Leben und seinem Werk gewidmeten Literatur die meiste Aufmerksamkeit erhalten hat, ziehe ich es bei dieser Gelegenheit vor, mit ein paar kurzen Gedanken über sein Leben als Priester und Seelsorger zu schließen. Die Wärme und Menschlichkeit, die seinem Verständnis des pastoralen Dienstes zugrunde liegt, ist wundervoll ausgedrückt in einer anderen seiner berühmten Predigten: »Wären Engel eure Priester gewesen, meine Brüder, dann hätten sie nicht trauern können mit euch, keine Sympathie für euch und kein Mitleid mit euch empfinden, nicht herzlich mitfühlen und Nachsicht haben mit euch, wie wir es können. Sie hätten nicht eure Vorbilder und Führer sein können, noch euch aus dem alten Sein ins neue Leben geleiten können, wie die es vermögen, die aus eurer Mitte kommen« (»Men, not Angels: the Priests of the Gospel«, *Discourses to Mixed Congregations*, 3). Er lebte diese zutiefst menschliche Sicht des priesterlichen Dienstes in seiner treuen Fürsorge für die Menschen von Birmingham während der Jahre, die er in dem von ihm gegründeten Oratorium verbrachte, indem er die Kranken und die Armen besuchte, die Hinterbliebenen tröstete und sich um die Gefangenen kümmerte. Kein Wunder, dass nach seinem Tode so viele Tausend Menschen die örtlichen Straßen säumten, als sein Leichnam zu seiner Begräbnisstätte gebracht wurde, die weniger als eine halbe Meile von hier entfernt ist. Einhundertundzwanzig Jahre danach haben sich wieder große Menschenmengen versammelt, um in Freude die feierliche kirchliche Anerkennung der außergewöhnlichen Heiligkeit dieses vielgeliebten Seelenvaters zu begehen. Wie könnten wir die Freude dieses Augenblicks besser ausdrücken als indem wir uns in herzlichem Dank an unseren himmlischen Vater wenden und mit den Worten beten, die der selige John Henry den Chören der Engel im Himmel in den Mund legte:

Preis sei dem Heil'gen in der Höh'
Und Tiefe ewiglich,
In Wort und Handeln wunderbar,
Und unerschütterlich!
(The Dream of Gerontius).

(Predigt bei der Seligsprechung in Birmingham, 19.9.2010)

Benedikt von Nursia (um 480 – 547)

Benedikt von Nursia war der Gigant eines ansonsten recht wirren Zeitalters. Er knüpfte ein Netz von Klöstern, das das Rückgrat eines neuen Europa bildete. Und er verfasste eine Regel, die das Mönchswesen aus dem Orient ins Abendland holte und dort etablierte. Damit hat er vorgemacht, dass ein Gelehrter und Beter von einer entlegenen Mönchszelle aus die Zivilisation eines ganzen Kontinents nachhaltig prägen kann.

Joseph Ratzinger kam aus Bayern, einem an Benediktinerklöstern reichen Land; seine Bischofsstadt München, errichtet an der Stelle einer Mönchssiedlung, trägt das Mönchische bis heute im Namen. Als er 2005 zum Papst gewählt wurde, nahm er den Namen Benedikt an und nannte den Heiligen bei seiner ersten Generalaudienz »einen grundlegenden Bezugspunkt für die Ein-

heit Europas und einen nachdrücklichen Hinweis auf die unverzichtbaren christlichen Wurzeln der europäischen Kultur und Zivilisation« (Ansprache, 27.4.2005).

Benedikt, der Mönchsvater, war für Benedikt, den Papst, auch wegen seiner Betonung »der zentralen Stellung Christi in unserem Dasein« wichtig (ebd.). Schon Paul VI. hat Benedikt von Nursia 1964 in der Schlussphase des Zweiten Vatikanischen Konzils als ersten Heiligen zum Patron Europas erhoben.

Er suchte vor allem das Reich Gottes

Um 480 in Nursia geboren, absolvierte Benedikt seine ersten Studien in Rom. Vom Stadtleben enttäuscht, zog er sich jedoch nach Subiaco zurück und lebte dort etwa drei Jahre in einer Höhle – dem berühmten »Sacro Speco« –, wo er sich vollkommen Gott widmete. Auf dem Fundament einer riesenhaften Villa von Kaiser Nero baute er in Subiaco, zusammen mit seinen ersten Gefährten, mehrere Klöster und rief auf diese Weise eine auf den Primat der Liebe zu Christus gründende brüderliche Gemeinschaft ins Leben, in der Gebet und Arbeit zur Ehre Gottes harmonisch abwechselten. Einige Jahre später gab er diesem Projekt in Montecassino seine endgültige Form und hielt es schriftlich fest in der *Regel*, dem einzigen Werk von ihm, das bis in unsere Zeit erhalten ist. Benedikt, der vor allem das Reich Gottes suchte, säte in die Asche des Römischen Reiches, vielleicht ohne sich dessen bewusst zu sein, den Samen einer neuen Zivilisation, die sich später weiterentwickeln sollte durch eine Verbindung der christlichen Werte mit dem klassischen Erbe einerseits und den germanischen und slawischen Kulturen andererseits.

Es gibt einen typischen Aspekt seiner Spiritualität, den ich heute besonders herausstellen möchte. Benedikt gründete nicht eine klösterliche Einrichtung, die in erster Linie auf die Evangelisierung der Barbarenvölker abzielte, so wie andere bedeutende

Missionsmönche seiner Zeit dies getan haben, sondern er nannte seinen Schülern als wesentlichen, ja einzigen Zweck des Daseins die Suche nach Gott: »*Quaerere Deum – Gott suchen*«. Er wusste jedoch, dass der Gläubige, wenn er in eine tiefe Beziehung zu Gott tritt, sich nicht mit einem mittelmäßigen Leben im Zeichen einer minimalistischen Ethik und einer oberflächlichen Religiosität begnügen kann. In diesem Licht gelangen wir zu einem besseren Verständnis des Ausdrucks, den Benedikt vom heiligen Cyprian entlieh und der in seiner Regel (IV,21) das Lebensprogramm der Mönche zusammenfasst: »*Nihil amori Christi praeponere* – Der Liebe zu Christus nichts vorziehen«.

(Angelus, 10.7.2005)

Ora et labora: Benedikts Kultur des Worts

Von der Wirkungsgeschichte des Mönchtums her können wir sagen, dass im großen Kulturbruch der Völkerwanderung und der sich bildenden neuen staatlichen Ordnungen die Mönchsklöster der Ort waren, an dem die Schätze der alten Kultur überlebten und zugleich von ihnen her eine neue Kultur langsam geformt wurde. Aber wie ging das zu? Was hat die Menschen bewegt, die sich an diesen Orten zusammenfanden? Was wollten sie? Wie haben sie gelebt?

Da ist zunächst und als erstes ganz nüchtern zu sagen, dass es nicht ihre Absicht war, Kultur zu schaffen oder auch eine vergangene Kultur zu erhalten. Ihr Antrieb war viel elementarer. Ihr Ziel hieß: *Quaerere Deum*. In der Wirrnis der Zeiten, in der nichts standzuhalten schien, wollten sie das Wesentliche tun – sich bemühen, das immer Gültige und Bleibende, das Leben selber zu finden. Sie waren auf der Suche nach Gott. Sie wollten aus dem Unwesentlichen zum Wesentlichen, zum allein wirklich Wichtigen und Verlässlichen kommen … Sie suchten das Endgültige hinter dem Vorläufigen. *Quaerere Deum*: Weil sie

Christen waren, war dies nicht eine Expedition in eine weglose Wüste, eine Suche ins völlige Dunkel hinein. Gott hatte selbst Wegzeichen ausgesteckt, ja, einen Weg gebahnt, den zu finden und zu gehen die Aufgabe war. Dieser Weg war sein Wort, das in den Büchern der heiligen Schriften vor den Menschen aufgeschlagen war. Die Suche nach Gott verlangt so von innen her eine Kultur des Wortes oder – wie Jean Leclercq es ausgedrückt hat: »Eschatologie und Grammatik sind im abendländischen Mönchtum inwendig miteinander verbunden« (vgl. *L'amour des lettres et le désir de Dieu*, S. 14). Das Verlangen nach Gott, der *désir de Dieu*, schließt den *amour des lettres*, die Liebe zum Wort mit ein, das Eindringen in alle seine Dimensionen. Weil im biblischen Wort Gott unterwegs ist zu uns und wir zu ihm, darum muss man lernen, in das Geheimnis der Sprache einzudringen, sie in ihrem Aufbau und in der Weise ihres Ausdrucks zu begreifen. So werden gerade durch die Gottsuche die profanen Wissenschaften wichtig, die uns den Weg zur Sprache zeigen. Weil die Suche nach Gott die Kultur des Wortes verlangte, daher gehört zum Kloster die Bibliothek, die die Wege zum Wort aufzeigt. Daher gehört zu ihm auch die Schule, in der die Wege konkret geöffnet werden. Benedikt nennt das Kloster eine *dominici servitii schola*. Das Kloster dient der *eruditio*, der Formung und Bildung des Menschen – Formung letztlich darauf hin, dass der Mensch Gott zu dienen lerne. Aber dies schließt gerade auch die Formung des Verstandes, die Bildung ein, durch die der Mensch in den Wörtern das eigentliche Wort wahrzunehmen lernt.

Wir müssen noch einen Schritt weitergehen, um der Kultur des Wortes ganz ansichtig zu werden, die zum Wesen der Suche nach Gott gehört. Das Wort, das den Weg der Gottsuche öffnet und selbst dieser Weg ist, ist ein gemeinsames Wort … Es führt nicht auf einen bloß individuellen Weg mystischer Versenkung, sondern in die Weggemeinschaft des Glaubens hinein …

Und noch einmal ist ein weiterer Schritt zu tun. Das Wort Gottes bringt uns selber ins Gespräch mit Gott. Der Gott, der in der Bibel spricht, lehrt uns, wie wir selber mit ihm reden können. Besonders im Buch der Psalmen gibt er uns die Worte, mit denen wir ihn anreden können, unser Leben mit seinen Höhen und Tiefen ins Gespräch mit ihm zu bringen vermögen, so dass dabei das Leben selbst Bewegung auf ihn hin wird. Die Psalmen enthalten immer wieder Anweisungen auch dafür, wie sie gesungen und mit Instrumenten begleitet werden sollen. Für das Beten vom Wort Gottes her reicht das Sprechen nicht aus, es verlangt Musik …

Bei Benedikt steht als maßgebende Regel über dem Gebet und Gesang der Mönche das Psalmwort: *Coram angelis psallam Tibi, Domine* – im Angesicht der Engel psalliere ich vor dir (vgl. 138,1). Hier drückt sich das Bewusstsein aus, beim gemeinsamen Gebet in der Anwesenheit des ganzen himmlischen Hofes zu singen und damit dem höchsten Maßstab ausgesetzt zu sein: so zu beten und zu singen, dass man in die Musik der erhabenen Geister einstimmen kann, die als die Urheber der Harmonie des Kosmos, der Musik der Sphären galten … Aus diesem inneren Anspruch des Redens mit Gott und des Singens von Gott mit den von ihm selbst geschenkten Worten ist die große abendländische Musik entstanden. Es ging nicht um private »Kreativität«, in der das Individuum sich selbst ein Denkmal setzt und als Maßstab wesentlich die Darstellung des eigenen Ich nimmt. Es ging vielmehr darum, wachsam mit den »Ohren des Herzens« die inneren Gesetze der Musik der Schöpfung selbst, die vom Schöpfer in seine Welt und in den Menschen gelegten Wesensformen der Musik zu erkennen und so die gotteswürdige Musik zu finden, die zugleich dann wahrhaft des Menschen würdig ist und seine Würde rein ertönen lässt …

Wir haben bisher beim Bedenken der »Schule des göttlichen Dienstes«, als die Benedikt das Mönchtum bezeichnet, nur auf ihre Orientierung auf das Wort – auf das *ora* – geachtet. In der Tat wird von da aus die Richtung des Ganzen des mönchischen Lebens bestimmt. Aber unsere Betrachtung bliebe doch unvollständig, wenn wir nicht auch die mit *labora* umschriebene zweite Komponente des Mönchtums wenigstens kurz ins Auge fassen würden. In der griechischen Welt galt die körperliche Arbeit als Sache der Unfreien. Der Weise, der wirklich Freie ist allein den geistigen Dingen hingegeben; er überlässt die körperliche Arbeit als etwas Niedriges den Menschen, die zu diesem höheren Dasein in der Welt des Geistes nicht fähig sind. Ganz anders die jüdische Tradition: Alle die großen Rabbinen übten zugleich auch einen handwerklichen Beruf aus. Paulus, der als *Rabbi* und dann als Verkünder des Evangeliums an die Völkerwelt auch Zeltmacher war und sich den Unterhalt mit der eigenen Arbeit seiner Hände verdiente, ist hier keine Ausnahme, sondern steht in der gemeinsamen Tradition des Rabbinentums. Das Mönchtum hat diese Überlieferung aufgenommen; der Hände Arbeit gehört konstitutiv zum christlichen Mönchtum. Benedikt spricht in seiner *Regula* nicht eigens über die Schule, obwohl Unterricht und Lernen praktisch darin vorausgesetzt sind, wie wir sahen. Aber er spricht ausdrücklich über die Arbeit (vgl. Kap. 48). Und genauso Augustinus, der der Mönchsarbeit ein eigenes Buch gewidmet hat. Die Christen, die damit in der vom Judentum vorgegebenen Tradition fortfuhren, mussten sich dazu noch zusätzlich angesprochen sehen durch das Wort Jesu im Johannes-Evangelium, mit dem er sein Wirken am Sabbat verteidigte: »Mein Vater arbeitet bis jetzt und auch ich arbeite« (5, 17). Die griechisch-römische Welt kannte keinen Schöpfergott; die höchste Gottheit konnte sich ihrer Vision nach nicht mit der Erschaffung der Materie gleichsam die Hände schmutzig machen. Das »Machen« der Welt war dem Demiurgen, einer untergeordneten Gottheit vorbehalten. Anders der christliche Gott: Er, der eine, der wirkliche und einzige Gott ist auch Schöpfer. Gott arbeitet; er arbeitet weiter in und an der Geschichte der Menschen. In Christus tritt er als Person in die mühselige Arbeit der Geschichte ein. »Mein Vater arbeitet bis jetzt und auch ich arbeite.« Gott selbst ist der Weltschöpfer, und die Schöpfung ist nicht zu Ende. Gott arbeitet. So musste nun das Arbeiten der Menschen als besondere Weise der Gottebenbildlichkeit des Menschen erscheinen, der sich damit am weltschöpferischen Handeln Gottes beteiligen kann und darf. Zum Mönchtum gehört mit der Kultur des Wortes eine Kultur der Arbeit, ohne die das Werden Europas, sein Ethos und seine Weltgestaltung nicht zu denken sind. Zu diesem Ethos müsste freilich gehören, dass Arbeit und Geschichtsgestaltung des Menschen Mit-Arbeiten mit dem Schöpfer sein will und von diesem Mit her ihr Maß nimmt. Wo dieses Maß fehlt und der Mensch sich selber zum gottartigen Schöpfer erhebt, kann Weltgestaltung schnell zur Weltzerstörung werden.

(Ansprache im Collège des Bernardins in Paris, 12.9.2008)

Hildegard von Bingen (um 1098–1179)

Eine große Frau des Mittelalters, die mit Kaisern und Päpsten korrespondierte und – was heute kaum vorstellbar wäre – auch männlichen Zeitgenossen von der Kanzel herab die Leviten las: Hildegard von Bingen war nicht nur Äbtissin, Komponistin, Medizinerin, Autorin und Visionärin (und Kräuterexpertin), vor allem war sie mutig. Wie sie »kraftvoll protestiert hat gegen Bischöfe und Papst«, das nötigte Papst Benedikt XVI. spürbaren Respekt ab (Interview, 5.8.2006). Er sah sie als Kronzeugin dafür, dass Frauen durchaus schon mal im Lauf der Kirchengeschichte »eine sehr bestimmende Rolle ausgeübt haben«; einen ähnlichen »Platz« müsse man auch heutzutage »für sie suchen« (ebd.).

Das Paradoxe war, dass Hildegard bis vor kurzem gar keine offizielle Heilige war. Ein entsprechender Prozess war im Mittelalter versandet. Damit scheiterten aber auch alle Bemühungen im Lauf späterer Jahrhunderte, sie zur Kirchenlehrerin erklären zu lassen. Schon als Münchener Erzbischof setzte sich Joseph Ratzinger zusammen mit den anderen deutschen Bischöfen für eine Heiligsprechung Hildegards ein. Als er dann 2005 Papst wurde, löste er den Fall, indem er ein seit Jahrhunderten in Vergessenheit geratenes Verfahren 2012 wiederbelebte: eine »äquipollente« Heiligsprechung. Sie macht eine Aufnahme der entsprechenden Person in den Heiligenkalender möglich, ohne dass dazu alle Bedingungen für eine »richtige« Heiligsprechung erfüllt sein müssen. Ein ungewöhnlicher Kunstgriff für eine ungewöhnliche Heilige … Und tatsächlich erhob Benedikt Hildegard kurz danach dann auch zur Kirchenlehrerin, als vierte Frau unter mehreren Dutzend männlichen »Kollegen«.

Dass die rheinische Ordensfrau in seiner Sicht eine »Prophetin« war, meinte Benedikt XVI. buchstäblich. Das zeigte sich im Jahr 2010, als schwere Fälle des sexuellen Missbrauchs von Kindern und Jugendlichen durch Priester in vielen Teilen der Welt bekannt wurden. Ihm sei »dabei eine Vision der heiligen Hildegard von Bingen in den Sinn gekommen«, sagte Benedikt in seiner Weihnachtsansprache an die römische Kurie (20.12.2010) und referierte ausführlich einen Text der (damals noch gar nicht offiziell zu einer solchen erklärten) Heiligen. Einen Text, der fast tausend Jahre alt war. Trotzdem befand der Papst: »Das Gesicht der Kirche ist in der Vision der heiligen Hildegard mit Staub bedeckt, und so haben wir es gesehen. Ihr Gewand ist zerrissen – durch die Schuld der Priester. So, wie sie es gesehen und gesagt hat, haben wir es in diesem Jahr erlebt.«

Eine Prophetin, die auch heute zu uns spricht

Auch in jenen Jahrhunderten der Geschichte, die wir gewöhnlich als Mittelalter bezeichnen, gibt es einige weibliche Gestalten, die sich durch die Heiligkeit ihres Lebens und den Reichtum ihrer Lehre besonders auszeichnen. Heute möchte ich beginnen, euch eine von ihnen vorzustellen: die heilige Hildegard von Bingen, die im 12. Jahrhundert in Deutschland lebte. Sie wurde 1098 in Bermersheim bei Alzey in der Pfalz geboren und starb 1179 im hohen Alter von 81 Jahren, obwohl ihr Gesundheitszustand stets schwach war. Hildegard kam aus einer vielköpfigen adligen Familie und wurde von Geburt an von ihren Eltern zum Dienst an Gott geweiht. Damit sie eine angemessene menschliche und christliche Bildung erhielt, wurde sie mit acht Jahren der Obhut der im Witwenstand lebenden Uda von Göllheim und dann der Lehrerin Jutta von Sponheim anvertraut, die sich in eine Klause beim Benediktinerkloster des heiligen Disibod zurückgezogen hatte. Es entstand ein kleines Klausurkloster für Frauen, die der Regel des heiligen Benedikt folgten. Hildegard empfing den Schleier durch Bischof Otto von Bamberg, und als Mutter Jutta, die Priorin der Gemeinschaft geworden war, im Jahre 1136 starb, beriefen die Mitschwestern sie als ihre Nachfolgerin. Bei der Erfüllung dieser Aufgabe brachte sie ihre Begabungen ein, als gebildete und geistlich hochstehende Frau, die auch in der Lage war, den organisatorischen Aspekten des Lebens in der Klausur mit Sachverstand gegenüberzutreten. Einige Jahre später gründete Hildegard, auch weil immer mehr junge Frauen an die Tore des Klosters klopften, eine weitere Gemeinschaft in Bingen, die nach dem heiligen Rupert benannt wurde, wo sie den Rest ihres Lebens verbrachte. Der Stil, mit dem sie den Dienst der Autorität ausübte, ist vorbildlich für jede Ordensgemeinschaft: Er weckte heiliges Nacheifern im Tun des Guten, so dass, wie aus zeitgenössischen Zeugnissen hervorgeht, Mutter und Töchter einander in gegenseitiger Achtung übertrafen und darin wetteiferten, einander zu dienen.

Bereits in den Jahren, in denen sie Oberin im Kloster des heiligen Disibod war, hatte Hildegard begonnen, ihrem geistlichen Berater, dem Mönch Volmar, sowie ihrer Sekretärin, einer Mitschwester, der sie sehr zugetan war, Richardis von Stade, mystische Visionen zu diktieren, die sie seit einiger Zeit empfing. Wie es im Leben wahrer Mystiker immer der Fall ist, wollte auch Hildegard sich der Autorität weiser Personen unterwerfen, um den Ursprung ihrer Visionen zu erkennen, in der Furcht, dass sie Frucht von Täuschungen seien und nicht von Gott kämen. Sie wandte sich daher an die Person, die seinerzeit in der Kirche höchste Wertschätzung besaß: an den heiligen Bernhard von Clairvaux … Dieser beruhigte und ermutigte Hildegard. Aber 1147 erhielt sie noch eine andere sehr wichtige Anerkennung. Papst Eugen III., der den Vorsitz auf einer Synode in Trier hatte, las einen von Hildegard diktierten Text, der ihm von Erzbischof Heinrich von Mainz vorgelegt wurde. Der Papst gestattete der Mystikerin, ihre Visionen niederzuschreiben und öffentlich zu sprechen. Von diesem Augenblick an stieg das geistliche Ansehen Hildegards immer mehr, so dass ihre Zeitgenossen sie als »deutsche Prophetin« bezeichneten. Dies, liebe Freunde, ist das Siegel einer echten Erfahrung des Heiligen Geistes, des Quells jeder Geistesgabe: Die Person, die übernatürliche Gaben empfängt, prahlt niemals damit. Sie stellt sie nicht zur Schau und zeigt vor allem vollkommenen Gehorsam gegenüber der kirchlichen Autorität. Jede vom Heiligen Geist geschenkte Gabe ist nämlich zur Erbauung der Kirche bestimmt, und die Kirche erkennt durch ihre Hirten ihre Echtheit an.

Am kommenden Mittwoch werde ich noch einmal über diese große Frau und »Prophetin« sprechen, die mit großer Aktualität auch zu uns heute spricht, mit ihrer mutigen Fähigkeit, die Zeichen der Zeiten zu erkennen, mit ihrer Liebe zur

Schöpfung, ihrer Medizin, ihrer Dichtung, ihrer Musik, die heute rekonstruiert wird, ihrer Liebe zu Christus und zu seiner Kirche, die auch damals gelitten hat, die auch damals durch die Sünden der Priester und der Laien verwundet war und als Leib Christi noch viel mehr geliebt wurde. So spricht die heilige Hildegard zu uns …

(Generalaudienz, 1.9.2010)

Für sie war die ganze Schöpfung eine Symphonie des Geistes

Hildegards mystische Visionen ähneln denen der Propheten des Alten Testaments: Sie drückte sich in den kulturellen und religiösen Begriffen ihrer Zeit aus und interpretierte die Heilige Schrift im Licht Gottes, indem sie sie auf die verschiedenen Lebensumstände anwandte. Alle, die ihr zuhörten, fühlten sich aufgefordert, einen konsequenten und engagierten christlichen Lebensstil zu praktizieren. In einem Brief an den heiligen Bernhard bekennt die rheinische Mystikerin: »Mein ganzes Sein ist in die Schau einbezogen: Ich schaue nicht mit den leiblichen Augen, sondern sie erscheint mir im Geist der Mysterien … Ich kenne die tiefe Bedeutung dessen, was im Psalter, in den Evangelien und in anderen Büchern dargelegt ist, die mir in der Schau gezeigt werden. Sie brennt wie eine Flamme in meiner Brust und in meiner Seele und lehrt mich, den Text in seiner ganzen Tiefe zu verstehen« (*Epistolarium pars prima*, I–XC: CCCM 91).

Hildegards mystische Visionen sind reich an theologischen Inhalten. Sie nehmen Bezug auf die wichtigsten Ereignisse der Heilsgeschichte und bedienen sich in erster Linie einer poetischen und symbolischen Sprache. In ihrem bekanntesten Werk, das den Titel *Scivias* trägt – das heißt »Wisse die Wege« –, fasst sie zum Beispiel in 35 Visionen die Ereignisse der Heilsgeschichte zusammen, von der Schöpfung der Welt bis zum Ende der Zeiten. Mit den für die weibliche Sensibilität charakteristischen Zügen entfaltet Hildegard im zentralen Abschnitt ihres

Werkes das Thema der mystischen Vermählung zwischen Gott und der Menschheit, die in der Menschwerdung Wirklichkeit wurde. Am Baum des Kreuzes vollzieht sich die Vermählung des Sohnes Gottes mit der Kirche, seiner Braut, die voll der Gnade ist und befähigt wurde, Gott neue Kinder zu schenken, in der Liebe des Heiligen Geistes (vgl. *Visio tertia: PL* 197,453c).

Bereits aus diesen kurzen Hinweisen ist ersichtlich, dass auch die Theologie einen besonderen Beitrag von den Frauen erhalten kann, denn sie sind in der Lage, mit der ihnen eigenen Intelligenz und Sensibilität über Gott und die Glaubensgeheimnisse zu sprechen. Ich ermutige daher alle Frauen, die diesen Dienst ausüben, ihn mit zutiefst kirchlichem Bewusstsein durchzuführen, ihre Reflexion durch das Gebet zu nähren und den Blick auf den großen, teilweise noch unergründeten Reichtum der mystischen Überlieferung des Mittelalters zu richten, besonders auf den, der durch leuchtende Beispiele wie eben Hildegard von Bingen verkörpert wird. Die rheinische Mystikerin hat noch weitere Schriften verfasst. Zwei von ihnen sind besonders wichtig, weil sie, wie *Scivias*, ihre mystischen Visionen wiedergeben: der *Liber vitae meritorum* (Buch der Lebensverdienste) und der *Liber divinorum operum* (Buch der göttlichen Werke), auch *De operatione Dei* genannt. Im ersten wird eine einzige gewaltige Vision Gottes beschrieben, der mit seiner Kraft und mit seinem Licht dem Kosmos Leben schenkt. Hildegard hebt die tiefe Beziehung zwischen dem Menschen und Gott hervor und erinnert uns daran, dass die ganze Schöpfung, deren Krone der Mensch ist, von der Dreifaltigkeit Leben empfängt. Im Mittelpunkt der Schrift steht die Beziehung zwischen Tugenden und Lastern: Der Mensch muss sich tagtäglich mit der Herausforderung durch die Laster, die ihn vom Weg zu Gott abbringen, und mit den Tugenden, die diesen Weg fördern, auseinandersetzen. Er ist aufgefordert, sich vom Bösen abzuwenden, um Gott zu verherrlichen und nach einer tugendhaften

Existenz in das »ganz mit Freude erfüllte« Leben einzutreten. Im zweiten Werk, das von vielen als ihr Meisterwerk betrachtet wird, beschreibt sie noch einmal die Schöpfung in ihrer Beziehung zu Gott und die Zentralität des Menschen, wobei eine starke Christozentrik biblischer und patristischer Prägung zutage tritt. Die Heilige legt fünf vom Prolog des Johannesevangeliums inspirierte Visionen dar und gibt die Worte wieder, die der Sohn an den Vater richtet: »Das ganze Werk, das du gewollt und mir anvertraut hast, habe ich zu einem guten Ende geführt, und so bin ich in dir und du in mir, und wir sind eins« (*Pars* III, *Visio*X: *PL* 197,1025a).

In anderen Schriften schließlich offenbart Hildegard die vielseitigen Interessen und die kulturelle Lebendigkeit der Frauenklöster des Mittelalters, was im Gegensatz steht zu den Vorurteilen, die immer noch auf dieser Epoche lasten. Hildegard befasste sich mit Medizin und Naturwissenschaften ebenso wie mit Musik, da sie künstlerisch begabt war. Sie komponierte auch Hymnen, Antiphonen und Gesänge, die unter dem Titel *Symphonia Harmoniae Caelestium Revelationum* (Symphonie der Harmonie der himmlischen Offenbarungen) gesammelt sind. Sie wurden in ihren Klöstern mit Freude gesungen, wo sie eine Atmosphäre der Ruhe und des Friedens verströmten, und sind auch uns überliefert. Für Hildegard ist die ganze Schöpfung eine Symphonie des Heiligen Geistes, der in sich selbst Freude und Jubel ist.

Die Popularität, die Hildegard in ihrem Umfeld genoss, brachte viele Menschen dazu, sie um Rat zu fragen; daher sind viele ihrer Briefe überliefert. Gemeinschaften von Männer- und Frauenklöstern, Bischöfe und Äbte wandten sich an sie. Viele Antworten sind auch für uns weiterhin gültig. An eine weibliche Ordensgemeinschaft schrieb Hildegard zum Beispiel: »Das geistliche Leben muss mit viel Hingabe gepflegt werden. Am Anfang ist es mühsam und bitter. Man muss manch Äußerlichkeiten und fleischlichen Gelüsten und anderen ähnlichen Dingen entsagen. Aber wenn man sich von der Heiligkeit faszinieren lässt, dann wird eine heilige Seele die Abkehr von der Welt als süß und erfüllend empfinden. Man muss nur klug darauf achten, dass die Seele nicht verwelkt« (vgl. E. Gronau, *Hildegard, Prophetische Lehrerin der Kirche an der Schwelle und am Ende der Neuzeit*, Stein am Rhein 1999). Und als Kaiser Friedrich Barbarossa eine Kirchenspaltung hervorrief, indem er gegen den rechtmäßigen Papst Alexander III. gleich drei Gegenpäpste aufstellte, zögerte Hildegard nicht, ihn von ihren Visionen inspiriert daran zu erinnern, dass auch er, der Kaiser, dem Urteil Gottes unterworfen war. Mit der Kühnheit, die jeden Propheten auszeichnet, schrieb sie dem Kaiser von seiten Gottes folgende Worte: »Wehe, wehe der Niederträchtigkeit dieser Gottlosen, die mich beleidigen! Höre, geschwind, o König, wenn du leben willst! Sonst wird mein Schwert dich durchbohren!« (vgl. ebd.).

Mit der geistlichen Autorität, die ihr zu eigen war, machte sich Hildegard in ihren letzten Lebensjahren auf, um trotz ihres vorgerückten Alters und der Mühsal, die das Reisen bedeutete, zu den Menschen von Gott zu sprechen. Alle hörten ihr gerne zu, auch wenn sie einen strengen Ton anschlug: Sie wurde als eine von Gott gesandte Botin betrachtet. Sie ermahnte vor allem die Klostergemeinschaften und den Klerus zu einer Lebensführung, die ihrer Berufung entsprach. Insbesondere trat Hildegard der Bewegung der deutschen Katharer entgegen. Diese – Katharer heißt wörtlich die »Reinen« – traten für eine radikale Reform der Kirche ein, vor allem, um Missbräuche durch den Klerus zu bekämpfen. Sie warf ihnen mit harten Worten vor, das Wesen der Kirche verändern zu wollen, und erinnerte sie daran, dass eine wahre Erneuerung der kirchlichen Gemeinschaft nicht so sehr durch die Veränderung von Strukturen erlangt wird, sondern vielmehr durch einen aufrichtigen Geist der

Buße und einen tätigen Weg der Umkehr. Dies ist eine Botschaft, die wir nie vergessen sollten. Wir wollen stets den Heiligen Geist bitten, dass er in der Kirche heilige und mutige Frauen wie die heilige Hildegard von Bingen erwecke, die in der Wertschätzung und mit dem Einsatz der von Gott empfangenen Gaben ihren eigenen wertvollen Beitrag leisten zum geistlichen Wachstum unserer Gemeinden und der Kirche in unserer Zeit.

(Generalaudienz, 8.9.2010)

Clemens August Graf von Galen (1878–1946)

Von 1963 bis 1966 war Joseph Ratzinger Theologieprofessor in Münster. In dieser Zeit beschäftigte er sich näher mit der Biografie des »Löwen von Münster«, der im romanischen Paulusdom des westfälischen Städtchens begraben ist. Kein anderer deutscher Bischof hat mit vergleichbarer Deutlichkeit gegen Praktiken der Nationalsozialisten gepredigt wie Galen; dabei hatte dieser dem Aufstieg der Hitler-Bewegung zunächst eher mit Sympathie zugesehen, war jedenfalls kein lupenreiner Demokrat. Doch der Mord an Wehrlosen durch Euthanasie-Programme der Nazis erfüllte ihn mit Entsetzen. Seine Predigten zu diesem Thema verbreiteten sich mitten im Krieg über Nachschriften im ganzen Land, bis an die Front.

Am 1. Mai 1978 betete Papst Johannes Paul II. an Galens Grab in Münster. Dabei würdigte er, dass »die Treue der Gläubigen« im traditionell katholischen Münsterland dem Bischof damals »Rückhalt« gegeben habe. Die Seligsprechung Galens fand am 9. Oktober 2005 im Petersdom in Rom statt; Benedikt XVI. betete vor einer Reliquie des sturen Adligen aus dem Münsterschen, der zumindest ein Stück weit die Ehre der deutschen Bischöfe angesichts des Nazi-Regimes gerettet hat.

Gegner der neuheidnischen Ideologie

Heute morgen wurde Clemens August von Galen, Bischof von Münster und Kardinal, ein unerschrockener Gegner der nationalsozialistischen Herrschaft, in der Basilika St. Peter seliggesprochen. 1904 zum Priester geweiht, übte er lange Zeit sein Amt in einer Berliner Pfarrgemeinde aus; 1933 wurde er zum Bischof von Münster ernannt. Im Namen Gottes verurteilte er die neuheidnische Ideologie des Nationalsozialismus, er verteidigte die Freiheit der Kirche und die Menschenrechte, die ernsthaft verletzt wurden, und schützte die Juden und die schwachen Menschen, die vom Regime als auszumerzender Abschaum angesehen wurden. Weithin bekannt sind die drei berühmten Predigten dieses furchtlosen Hirten aus dem Jahr 1941. Im Februar 1946 ernannte Papst Pius XII. ihn zum Kardinal; er starb bereits einen Monat später, umgeben von der Verehrung der Gläubigen, die in ihm ein Vorbild christlichen Mutes erkannten. Genau dies ist die stets aktuelle Botschaft des Seligen von Galen: Der Glaube beschränkt sich nicht auf ein privates Empfinden, das man gegebenenfalls verheimlicht, wenn es unbequem wird, sondern er erfordert Konsequenz und Zeugnis auch in der Öffentlichkeit zugunsten des Menschen, der Gerechtigkeit und der Wahrheit. Mein aufrichtiger Glückwunsch geht an die Diözesangemeinschaft von Münster und an die Kirche in Deutschland, und auf die Fürsprache des neuen Seligen rufe ich auf alle Gottes reiche Gnadengaben herab …

Das Motto des neuen Seligen lautete: »*Nec laudibus, nec timore*«. Dieses Prinzip soll auch unser Handeln zur Ehre Gottes und zum Wohl der Menschen bestimmen.

(Angelus, 9.10.2005)

Coelestin V. (um 1215–1296)

Bauernsohn, Einsiedler, Gründer einer Ordensgemeinschaft – das hätte schon gereicht, um Pietro del Morrone einen ehrenden Platz im Buch der Kirchengeschichte zu sichern. Aber seine eigentliche Geschichte ging erst los, als er fast achtzig war: Da wählte ihn ein Konklave in Abwesenheit zum Papst. Kabale und Interessen am römischen Hof hatten sich derart verknäuelt, dass auf einmal ein »Outsider« zum Zug kam.

Das Problem war allerdings, dass der Neugewählte die Kurie nicht in den Griff bekam. Der fromme Mann wurde zu einem Spielball von Politikern und Prälaten; er dankte 1294 aus mehr oder weniger freien Stücken ab und versuchte, in die Einöde zurückzukehren, wurde aber von seinem Nachfolger in Haft gesetzt und starb hinter Schloss und Riegel.

Benedikt XVI. war 700 Jahre später der erste Papst seit Coelestin, der sich aus dem Papstamt zurückzog – unter ganz anderen Umständen allerdings. 2009 hatte Benedikt in L'Aquila am Grab Coelestins gebetet und danach sein Pallium (die Wollstola des Apostel-Nachfolgers) auf den Glassarg gelegt. Vier Jahre später wurde er zum »Papa emeritus«.

Keine Flucht vor der Verantwortung

(Der Christ) ist nie ein Einzelgänger. Nun könnt ihr mir natürlich antworten: Aber war die Entscheidung des heiligen Pietro Coelestin für das Einsiedlerleben denn kein Einzelgängertum, keine Flucht vor der Verantwortung? Gewiss, diese Versuchung besteht. Aber in den von der Kirche approbierten Erfahrungen steht das einsame Leben des Gebets und der Buße stets im Dienst der Gemeinschaft, es ist offen für die anderen, es steht niemals im Gegensatz zu den Bedürfnissen der Gemeinschaft.

Die Einsiedeleien und die Klöster sind Oasen und Quellen des geistlichen Lebens, aus denen alle schöpfen können. Der

Mönch lebt nicht für sich, sondern für die anderen, und er pflegt das kontemplative Leben zum Wohl der Kirche und der Gesellschaft, damit die Kirche und die Gesellschaft aus dem Wirken des Herrn immer wieder neue Kraft schöpfen können …

(An Jugendliche in Sulmona, 4.7.2010)

Ein Sucher Gottes in der Stille

Als ich euer Territorium überflogen habe, habe ich die Schönheit der Landschaft betrachten und vor allem einige Ortschaften bewundern können, die eng mit dem Leben dieser berühmten Gestalt (Coelestin V.) verbunden sind: den Monte Morrone, auf dem Pietro lange Zeit ein Einsiedlerdasein führte; die Einsiedelei von Sant'Onofrio, wo ihn im Jahr 1294 die Nachricht von seiner Wahl zum Papst erreichte, zu der es im Konklave von Perugia gekommen war; und die Abtei »Santo Spirito«, deren Hauptaltar er nach seiner Krönung in der Basilika von Collemaggio in L'Aquila konsekrierte …

800 Jahre sind seit der Geburt des heiligen Pietro Coelestin V. vergangen, doch aufgrund der bekannten Wechselfälle seiner Zeit und seines Pontifikats sowie vor allem wegen seiner Heiligkeit bleibt er in der Geschichte. Die Heiligkeit nämlich verliert nie ihre Anziehungskraft, sie gerät nie in Vergessenheit, sie kommt nie aus der Mode, im Gegenteil: Mit der Zeit glänzt sie in immer hellerem Licht und bringt so das immerwährende Streben des Menschen nach Gott zum Ausdruck. Dem Leben des heiligen Pietro Coelestin möchte ich nunmehr einige Lehren entnehmen, die auch für unsere Tage Geltung besitzen.

Pietro Angeleri ist von Jugend an ein »Sucher Gottes« gewesen, ein Mann, der den Wunsch hegte, Antworten auf die großen Fragen unseres Dasein zu finden: Wer bin ich? Woher komme ich? Warum lebe ich? Für wen lebe ich? Er machte sich auf den Weg der Suche nach der Wahrheit und der Glückseligkeit, er macht sich auf die Suche nach Gott, und um dessen Stimme zu hören, trifft er den Entschluss, sich von der Welt zu trennen und als Einsiedler zu leben. Die Stille wird so zu einem Element, das sein tägliches Leben prägt. Und gerade in der äußeren Stille, und vor allem aber in der inneren, gelingt es ihm, der Stimme Gottes gewahr zu werden, die fähig ist, seinem Leben eine Ausrichtung zu geben. Hier liegt ein erster für uns wichtiger Aspekt: Wir leben in einer Gesellschaft, in der es den Anschein hat, dass jeder Raum, jeder Augenblick mit »Initiativen«, Aktivitäten, Geräuschen erfüllt werden muss; oft bleibt nicht einmal die Zeit, einander zuzuhören und miteinander zu sprechen. Liebe Brüder und Schwestern, fürchten wir uns nicht, es um uns und in uns still werden zu lassen, wenn wir fähig sein wollen, nicht nur die Stimme Gottes wahrzunehmen, sondern auch die Stimme dessen, der uns nahesteht, die Stimme der anderen.

Doch es ist wichtig, auch ein zweites Element zu unterstreichen: Die Entdeckung des Herrn, die Pietro Angleri macht, ist nicht Ergebnis eigener Anstrengung, sondern sie wird durch die Gnade Gottes ermöglicht, der ihm zuvorkommt. Was er hatte, was er war, kam nicht aus ihm selbst: Es war ihm geschenkt worden, es war Gnade, und es war deshalb auch Verantwortung vor Gott und vor den anderen. Obwohl unser Leben ganz anders ist, gilt auch für uns dasselbe: Alles Wesentliche unseres Daseins ist uns ohne unser Zutun geschenkt worden. Die Tatsache, dass ich lebe, hängt nicht von mir ab; die Tatsache, dass es Menschen gegeben hat, die mich in das Leben eingeführt haben, die mich gelehrt haben, was es heißt, zu lieben und geliebt zu werden, die mir den Glauben vermittelt und für den Blick auf Gott geöffnet haben: all das ist Gnade und nicht »von mir gemacht« …

In der inneren Stille, in der Wahrnehmung der Gegenwart des Herrn, war in Pietro del Morrone darüber hinaus eine lebendige Erfahrung der Schönheit der Schöpfung herangereift,

Werk der Hände Gottes: Er verstand es, deren tiefen Sinn zu erfassen, er achtete deren Zeichen und Rhythmen, er nutzte sie für das, was für das Leben wesentlich ist …

(Paulus schreibt an die Galater): »Ich aber will mich allein des Kreuzes Jesu Christi, unseres Herrn, rühmen, durch das mir die Welt gekreuzigt ist und ich der Welt« (6,14). Tatsächlich bildete das Kreuz den Mittelpunkt seines (d. h. Coelestins) Lebens, es gab ihm die Kraft, um den harten Bußen und den anspruchvollsten Augenblicken entgegenzutreten, von Jugend an bis zur letzten Stunde: Er war sich stets bewusst, dass das Heil von ihm herstammte. Das Kreuz verlieh dem heiligen Pietro Coelestin auch ein klares Bewusstsein von Sünde, das immer von einem ebenso klaren Bewusstsein der unendlichen Barmherzigkeit Gottes gegenüber seinem Geschöpf begleitet war. Wenn er die offenen und weitausgebreiteten Arme seines gekreuzigten Gottes sah, fühlte er, wie er in das grenzenlose Meer der Liebe Gottes getragen wurde. Als Priester hat er die Erfahrung gemacht, wie schön es ist, Spender dieses Erbarmens zu sein, wenn er die Büßer von ihrer Sünde lossprach, und als er auf den Stuhl des Apostels Petrus gewählt worden war, wollte er einen besonderen Ablass gewähren, der »La Perdonanza« genannt wird. Ich möchte alle Priester ermahnen, deutliche und glaubwürdige Zeugen der frohen Botschaft der Versöhnung mit Gott zu sein und dem Menschen von heute zu helfen, den Sinn für die Sünde und die Vergebung Gottes wiederzuerlangen …

Schließlich ein letztes Element: Obwohl der heilige Pietro Coelestin ein Eremitendasein führte, war er nicht »in sich selbst verschlossen«, sondern ganz eingenommen von der Leidenschaft, die gute Nachricht des Evangeliums den Brüdern zu überbringen. Und das Geheimnis seiner seelsorglichen Fruchtbarkeit bestand gerade im »Bleiben« beim Herrn, im Gebet, wie uns auch (das) Evangelium in Erinnerung gerufen hat: Das erste Gebot ist immer jenes, den Herrn der Ernte zu bitten (vgl.

Lk 10,2). Und erst nach dieser Aufforderung bestimmt Jesus einige wesentliche Aufgaben der Jünger: die heitere, klare und mutige Verkündigung der Botschaft des Evangeliums – auch in den Augenblicken der Verfolgung –, ohne der Faszination der Moden noch jener der Gewalt oder des Zwanges zu erliegen; den Abstand von den Sorgen um die Dinge – das Geld und die Kleidung – im Vertrauen auf die Vorsehung des Vaters; die Aufmerksamkeit und Fürsorge besonders gegenüber den Kranken in Leib und Geist (vgl. Lk 10,5–9). Das waren auch die Merkmale des kurzen und schwierigen Pontifikats Coelestins V., und das sind die Merkmale des missionarischen Wirkens der Kirche in jedem Zeitalter.

(Predigt in Sulmona, 4.7.2010)

Franziskus

Ignatius (1491–1556)

Franziskus ist der erste Ordensmann seit Jahrhunderten auf dem Stuhl Petri: ein Jesuit. Sein geistlicher Vater ist damit der heilige Ignatius von Loyola und nicht etwa, trotz der Wahl des Papstnamens, der heilige Franz von Assisi. Tatsächlich ist das Denken und Handeln des Papstes zutiefst ignatianisch; Jahrzehnte im Orden haben ihre Spuren hinterlassen, immer wieder zitiert er aus den »Geistlichen Übungen« seines baskischen Ordensvaters.

Ignatius gründete die »Gesellschaft Jesu« nur 17 Jahre, nachdem Martin Luther die Reformation ausgelöst hatte. Er machte sie zu einer Art Speerspitze der Gegenreformation – ohne spezielle Ordenstracht oder festgelegte Gebetszeiten, aber mit besonderem Treuegelöbnis zum Papst. »Gott finden in allen Dingen« und »alles zur größeren Ehre Gottes« tun, darum ging es ihm. Seine Gefährten lernten von ihm, sich selbst in die Szenerie der biblischen Geschichten hineinzuversetzen; sich als Sünder zu erkennen, die die Begegnung mit dem barmherzigen Christus suchen; alle Situationen und Konstellationen genau zu prüfen (das ist die »Unterscheidung«, von der Papst Franziskus so oft spricht); und in einer bewussten »Wahl« schließlich den für sich erkannten Willen Gottes anzunehmen.

Besonders wenn er vor den Fallstricken des Teufels warnt und zum entschlossenen Kampf gegen das Böse aufruft, ist Franziskus in seiner Diktion sehr nahe an den »Geistlichen Übungen« des Ignatius. »Unser Glaube ist ein Kampf … Der Feind ist schlau. Er kennt unsere wunden Punkte« (in: Franziskus, Offener Geist und gläubiges Herz, *Freiburg 2013, S. 42 und 94) – das ist O-Ton Bergoglio, könnte aber auch vom heiligen Ignatius stammen. Das Beratungsgremium aus Kardinälen, das Franziskus eingerichtet hat, ähnelt bis ins Detail dem Rat der Regionalassistenten, das den Ordensgeneral der Jesuiten seit Ignatius bei der Leitung des Ordens unterstützt.*

Von Jesus ergriffen

Das Wappen von uns Jesuiten ist ein Monogramm, das Akronym für *Iesus Hominum Salvator* (IHS). Jeder von euch könnte mir sagen: Das wissen wir sehr gut! Aber dieses Wappen erinnert uns beständig an eine Realität, die wir niemals vergessen dürfen: die Zentralität Christi für jeden von uns und für die ganze Gesellschaft, die der heilige Ignatius eben deshalb »Gesellschaft Jesu« nennen wollte, um auf ihren Bezugspunkt hinzuweisen.

Im Übrigen stellt er uns auch am Beginn der Geistlichen Exerzitien vor unseren Herrn Jesus Christus, unseren Schöpfer und Erlöser (vgl. *EB,* 6). Und das führt uns und die ganze Gesellschaft Jesu dazu, »dezentriert« zu sein, den »immer größeren Christus«, den »Deus semper maior«, den »intimior intimo meo« vor Augen zu haben, der uns zu einer gewissen kenosis führt, dazu herauszugehen aus »Eigenliebe, Eigenwillen und Eigennutz« (*EB,* 189). Die Frage ist für uns, für uns alle nicht selbstverständlich: Ist Christus der Mittelpunkt meines Lebens? Stelle ich wirklich Christus in den Mittelpunkt meines Lebens? Denn es besteht immer die Versuchung zu denken, dass wir der Mittelpunkt sind. Und wenn ein Jesuit sich selbst in den Mittelpunkt stellt und nicht Christus, dann irrt er …

Der Zentralität Christi entspricht auch die Zentralität der Kirche: Es sind zwei Brennpunkte, die man nicht trennen kann: Ich kann Christus nur *in* der Kirche und *mit* der Kirche folgen. Und auch in diesem Fall sind wir Jesuiten und die ganze Gesellschaft nicht der Mittelpunkt, wir sind sozusagen »verschoben«, wir stehen im Dienst Christi und der Kirche, der Braut Christi unseres Herrn, die unsere heilige Mutter, die hierarchische Kirche, ist (vgl. EB, 353). In der Kirche verwurzelte und auf sie gegründete Menschen sein: So will uns Jesus. Es gibt keine parallelen oder isolierten Wege …

Welches ist der Weg, um diese zweifache Zentralität zu leben? Blicken wir auf die Erfahrung des heiligen Paulus, die auch die

Erfahrung des heiligen Ignatius ist. Der Apostel schreibt: Ich strenge mich an, der Vollkommenheit Christi entgegenzulaufen, »weil auch ich von Christus ergriffen worden bin« (Phil 3,12). Für Paulus geschah es auf dem Weg nach Damaskus, bei Ignatius in seinem Haus in Loyola, aber das Grundlegende ist ihnen gemeinsam: sich von Christus erobern, ergreifen lassen.

Ich suche Jesus, ich diene Jesus, weil er mich zuerst gesucht hat, weil ich von Ihm ergriffen worden bin: Und das ist die Mitte unserer Erfahrung. Aber Er ist der Erste, immer. Auf Spanisch gibt es ein Wort, das sehr grafisch ist, was das gut erklärt: *primerea, El nos primerea.* Er ist immer der Erste. Wenn wir ankommen, dann ist er bereits angekommen und wartet auf uns. Und hier möchte ich an die Meditation über das Königreich in der zweiten Woche erinnern. Christus, unser Herr, der ewige König, beruft jeden von uns und sagt: »Wer mit mir kommen will, hat sich anzustrengen mit mir, damit er, wie er mir in der Mühsal folgte, so auch mir in der Glorie folge« (*EB*, 95): Sich von Christus erobern lassen, um diesem König unsere ganze Person und all unsere Mühen anzubieten (vgl. *EB*, 96); dem Herrn sagen, alles zu seinem größeren Dienst und Ruhm tun zu wollen, ihn auch im Ertragen des Unrechts, der Schmach und der Armut nachzuahmen (vgl. *EB*, 98). … Sich von Christus erobern lassen bedeutet, immer nach dem ausgestreckt zu sein, was vor mir liegt, nach dem Ziel, nach Christus (vgl. Phil 3,14) und sich in Wahrheit und Aufrichtigkeit zu fragen: Was habe ich für Christus getan? Was tue ich für Christus? Was soll ich für Christus tun? (vgl. *EB*, 53).

Ich komme zum letzten Punkt. Im Evangelium sagt uns Jesus: »Wer sein Leben retten will, wird es verlieren; wer aber sein Leben um meinetwillen verliert, der wird es retten … Wer sich meiner schämt …« (Lk 9,23). Und so weiter. Die Scham des Jesuiten. Jesus fordert dazu auf, sich niemals seiner zu schämen, sondern ihm immer mit vollkommener Hingabe nachzufolgen und dabei auf ihn zu vertrauen und sich ihm anzuvertrauen.

Aber wenn wir auf Jesus blicken, wie es uns der heilige Ignatius in der ersten Woche (der Geistlichen Übungen) lehrt, vor allem auf den gekreuzigten Christus, dann spüren wir das sehr menschliche und sehr edle Gefühl der Scham, nicht auf der Höhe zu sein: Wir blicken auf die Weisheit Christi und auf unsere Ignoranz, auf seine Allmacht und unsere Schwäche, auf seine Gerechtigkeit und unsere Ungerechtigkeit, auf seine Güte und unsere Boshaftigkeit (vgl. *EB*, 59). Um die Gnade der Scham bitten, einer Scham, die dem beständigen Dialog der Barmherzigkeit mit ihm entspringt; einer Scham, die uns vor Jesus Christus erröten lässt; einer Scham, die uns in Einklang bringt mit dem Herzen Christi, der für mich zur Sünde geworden ist; einer Scham, die unser Herz unter Tränen zur Harmonie führt und die uns begleitet auf dem Weg der täglichen Nachfolge »meines Herrn«.

Und das führt uns immer, als Einzelne und als Gesellschaft, zur Demut, es führt uns dazu, diese große Tugend zu leben. Eine Demut, die uns jeden Tag bewusst macht, dass nicht wir es sind, die das Reich Gottes errichten, sondern dass es immer die Gnade des Herrn ist, die in uns wirkt; eine Demut, die uns dazu treibt, unser ganzes Selbst nicht in unseren eigenen Dienst oder den unserer Ideen zu stellen, sondern in den Dienst Christi und der Kirche, als tönerne, zerbrechliche, ungeeignete, unzureichende Gefäße, in denen wir aber einen unermesslichen Schatz tragen und weitergeben (2 Kor 4,7).

(Messe in Il Gesù, 31.7.2013)

Aufsteigen vom Guten zum Besseren

Immer kann man einen Schritt nach vorn machen, indem man inständig um Trost bittet. In den beiden Apostolischen Schreiben *Evangelii gaudium* und *Amoris laetitia* und in der Enzyklika *Laudato si'* wollte ich die Freude hervorheben. Ignatius lässt uns, seine Freunde in den Exerzitien, »das Amt des Tröstens«

betrachten, das Christus, den Auferstandenen, kennzeichnet (*Geistliche Übungen*, 224). Die Gesellschaft Jesu hat die Aufgabe, das gläubige Volk zu trösten und ihm bei der Unterscheidung zu helfen, damit der Feind der menschlichen Natur uns nicht die Freude raubt: die Freude zu evangelisieren, die Freude der Familie, die Freude der Kirche, die Freude der Schöpfung …

Dieser »Dienst der Freude und des geistlichen Trostes« wurzelt im Gebet. Er besteht darin, uns und alle Menschen zu ermutigen, »Gott inständig um Trost zu bitten«. Ignatius formuliert dies negativ in der sechsten Regel der Ersten Woche, wenn er sagt, dass »es doch sehr von Nutzen ist, sich intensiv gegen die Trostlosigkeit selbst zu ändern« (ebd., 319). Es ist von Nutzen, weil uns in der Zeit der Trostlosigkeit bewusst wird, wie wenig wir ohne jene Gnade und Tröstung taugen (vgl. ebd., 324). Dieses inständige Bittgebet, um den Trost zu praktizieren und zu lehren, ist der wichtigste Dienst an der Freude. Wenn jemand sich nicht für würdig hält (was in der Praxis sehr verbreitet ist), möge er wenigstens aus Liebe zur Botschaft immer wieder um diesen Trost bitten, denn die Freude ist ein fester Bestandteil der Botschaft des Evangeliums, und er möge auch aus Liebe zu den Nächsten, zu seiner Familie und zur Welt darum bitten. Eine gute Nachricht kann man nicht mit trauriger Miene überbringen. Die Freude ist kein schmückendes Beiwerk, sondern ein deutlicher Hinweis auf die Gnade: Sie verweist darauf, dass die Liebe tätig, wirksam, gegenwärtig ist. Deshalb darf die Suche nach ihr nicht verwechselt werden mit der Suche nach einem »Spezialeffekt«, den unsere gegenwärtige Zeit aus Gründen des Konsums zu erzeugen weiß. Vielmehr muss nach ihrem existenziellen Anzeichen gesucht werden, also nach »Beständigkeit«: Ignatius öffnet die Augen und erwacht zur Unterscheidung der Geister, als er den Wertunterschied zwischen dauerhaften und vergänglichen Freuden entdeckt

(*Bericht des Pilgers*, 8). Die Zeit gibt ihm den Schlüssel, um das Wirken des Heiligen Geistes zu erkennen.

In den *Geistlichen Übungen* besteht der »Fortschritt« im geistlichen Leben im Trost: Er ist das »Aufsteigen vom Guten zum Besseren« und auch »aller Zuwachs an Glaube, Hoffnung und Liebe und alle innere Freudigkeit« (*Geistliche Übungen*, 316). Dieser Dienst der Freude führte die ersten Gefährten zu der Entscheidung, sich nicht mehr zu trennen, sondern die Gesellschaft zu errichten, die sie aus eigenem Antrieb gründeten und in der sie miteinander lebten. Ihr besonderes Merkmal war die Freude am gemeinsamen Gebet und daran, gemeinsam in die Mission aufzubrechen und sich wieder zu versammeln. So ahmten sie das Leben nach, das der Herr mit seinen Aposteln führte. Diese Freude, das Evangelium mit Nachdruck zu verkünden – durch die Verkündigung des Glaubens und die Übung von Gerechtigkeit und Barmherzigkeit –, bringt die Gesellschaft Jesu dazu, in alle Randgebiete aufzubrechen …

Für uns, die wir die *Geistlichen Übungen* machen, beginnt die Gnade, durch die Jesus uns gebietet, dem Vater ähnlich zu werden (vgl. Lk 6,36), mit jenem Gespräch der Barmherzigkeit, das die Fortsetzung des Gesprächs mit dem Herrn ist, der wegen meiner Sünden gekreuzigt wurde. Die ganze zweite Übung ist ein Gespräch voller Scham, Verwirrung, Schmerz und dankbaren Tränen, wenn ich sehe, wer ich bin – indem ich kleiner werde – und wer Gott ist – indem ich ihn groß werden lasse –, »der mir bis dahin Leben gegeben hat« (*Geistliche Übungen*, 61), wer Jesus ist, der für mich ans Kreuz geschlagen wurde.

Wie Ignatius seine Erfahrung der Barmherzigkeit lebt und formuliert, das ist von großem persönlichem und apostolischem Nutzen und verlangt eine kluge und umfassende Unterscheidungsgabe. Unser Vater sagte zum heiligen Francisco de Borja: »Aber ich bin doch für mich der Überzeugung, dass ich zuvor und danach ganz Hindernis bin. Und dessen verspüre ich größere Zufriedenheit und geistliche Freude in unserem Herrn, weil ich mir nichts zuschreiben kann, was gut scheint.«

Ignatius lebt also bis in die kleinsten Dinge seines Lebens und seiner Person hinein aus der reinen Barmherzigkeit Gottes. Und er spürte: Je mehr er sich widersetzte, mit desto größerer Güte behandelte ihn der Herr …

(Ansprache an die Generalkongregation der Jesuiten, 24.10.2016)

Franz von Assisi (um 1181 – 1226)

Zuerst kam 2005 der Papst, der sich nach dem Vater des abendländischen Mönchtums benannte: Benedikt. Dann kam 2013 sein Nachfolger, ein Jesuit und damit Schüler des heiligen Ignatius von Loyola, der mit der Wahl seines Papstnamens einen weiteren großen Ordensmann ins Spiel brachte: Franziskus. Drei große Namen, die auf Reformen der Kirche verweisen – ein verwirrendes Spiel der Bezüge.

Franziskus, der Jesuit, verweist also auf Franziskus, den Heiligen aus Assisi, den herumstreifenden »Poverello«. Wo liegt die Affinität? Das hat der Papst aus Argentinien schon kurz nach seiner Wahl auf den Punkt gebracht: Franz von Assisi stehe für Armut, Frieden und die Bewahrung der Schöpfung. In seiner Umweltenzyklika Laudato si' *von 2015 geht der Papst denn auch folgerichtig vom Sonnengesang des heiligen Franziskus aus.*

Besonders berührt den Papst das Zugehen des Heiligen auf die Verachteten und Vernachlässigten. Hier sieht er sein Ideal der Barmherzigkeit verwirklicht. »Als ich in Sünden war, kam es mir sehr bitter vor, Aussätzige zu sehen«, so schilderte Franz von Assisi seine Umkehr. »Und der Herr selbst hat mich unter sie geführt, und ich habe ihnen Barmherzigkeit erwiesen. Und da ich fortging von ihnen, wurde mir das, was mir bitter vorkam, in Süßigkeit der

Seele und des Leibes verwandelt« (Testament, *um 1226). Papst Franziskus kommt immer wieder darauf zurück, dass man Gott nur begegne, wenn man ohne Ekel hungernde, elende, verwundete Menschen umarme, so wie der Heilige aus Umbrien.*

Auch der Respekt des heiligen Franz vor Andersgläubigen beeindruckt den Papst. Als er 2017 nach Ägypten reiste und dort an der islamischen al-Azhar-Universität von Kairo sprach, bezog er sich bewusst auf Franz von Assisi und dessen Gespräch mit Sultan al-Malik al-Kamil 1219 in Damiette.

Der Name ist mir ins Herz gedrungen

Manche wussten nicht, warum der Bischof von Rom sich Franziskus nennen wollte … Ich erzähle Ihnen eine Geschichte. Bei der Wahl saß neben mir der emeritierte Erzbischof von São Paolo und frühere Präfekt der Kongregation für den Klerus Kardinal Claudio Hummes – ein großer Freund, ein großer Freund! Als die Sache sich etwas zuspitzte, hat er mich bestärkt. Und als die Stimmen zwei Drittel erreichten, erscholl der übliche Applaus, da der Papst gewählt war. Und er umarmte, küsste mich und sagte mir: »Vergiss die Armen nicht!« Und da setzte sich dieses Wort in mir fest: die Armen, die Armen. Dann sofort habe ich in Bezug auf die Armen an Franz von Assisi gedacht. Dann habe ich an die Kriege gedacht, während die Auszählung voranschritt bis zu allen Stimmen. Und Franziskus ist der Mann des Friedens. So ist mir der Name ins Herz gedrungen: Franz von Assisi. Er ist für mich der Mann der Armut, der Mann des Friedens, der Mann, der die Schöpfung liebt und bewahrt. Gegenwärtig haben auch wir eine nicht sehr gute Beziehung zur Schöpfung, oder? Er ist der Mann, der uns diesen Geist des Friedens gibt, der Mann der Armut. … Ach, wie möchte ich eine arme Kirche für die Armen!

(Ansprache an Journalisten drei Tage nach seiner Wahl zum Papst, 16.3.2013)

Alles begann mit dem Blick des Gekreuzigten

»Ich preise dich, Vater, Herr des Himmels und der Erde, weil du all das den Weisen und Klugen verborgen, den Unmündigen aber offenbart hast« (Mt 11,25) … Heute bin auch ich wie viele Pilger gekommen, um den himmlischen Vater für all das zu preisen, was er einem dieser »Kleinen«, von denen das Evangelium spricht, hat offenbaren wollen: Franziskus, dem Sohn eines reichen Kaufmanns aus Assisi. Die Begegnung mit Jesus brachte ihn dazu, ein gut situiertes, sorgenfreies Leben aufzugeben, um sich mit der »Herrin Armut« zu vermählen und als wahrer Sohn des Vaters im Himmel zu leben. Diese Wahl des heiligen Franziskus war eine radikale Weise, Christus nachzuahmen, sich mit dem zu »bekleiden«, der reich war und arm wurde, um uns durch seine Armut reich zu machen (vgl. 2 Kor 8,9). Im ganzen Leben des Franziskus sind *die Liebe zu den Armen* und *die Nachahmung des armen Christus* zwei untrennbar miteinander verbundene Elemente, die beiden Seiten ein und derselben Medaille.

Was bezeugt uns der heilige Franziskus heute? Was sagt er uns, nicht mit Worten – das ist einfach –, sondern mit dem Leben?

Das Erste, was er uns sagt, das Grundlegende, was er uns bezeugt, ist dies: Christsein ist eine *lebendige Beziehung zur Person Jesu,* ist ein *Sich-Bekleiden mit ihm,* ein *Ihm-ähnlich-Werden.*

Wo nimmt der Weg des heiligen Franziskus zu Christus seinen Anfang? Beim Blick des gekreuzigten Jesus. Sich von ihm anschauen lassen in dem Moment, in dem er sein Leben für uns hingibt und uns zu sich zieht. Franziskus hat diese Erfahrung in besonderer Weise in der kleinen Kirche von San Damiano gemacht, als er vor dem Kruzifix betete, das auch ich heute noch verehren werde. Auf diesem Kreuz erscheint Jesus nicht tot, sondern lebend! Das Blut fließt aus den Wunden der Hände, der

Füße und der Seite herab, doch dieses Blut drückt Leben aus. Jesus hat die Augen nicht geschlossen, sondern geöffnet, weit offen: ein Blick, der zum Herzen spricht. Und der Gekreuzigte spricht uns nicht von Niederlage, von Scheitern. Paradoxerweise spricht er uns von einem Tod, der Leben ist, der Leben hervorbringt, denn er spricht uns von Liebe, weil er die Mensch gewordene Liebe Gottes ist. Und die Liebe stirbt nicht, nein, sie besiegt das Böse und den Tod. Wer sich vom gekreuzigten Jesus anschauen lässt, wird gleichsam neu erschaffen, wird eine »neue Schöpfung«. Das ist der Ausgangspunkt von allem: Es ist die Erfahrung der verwandelnden Gnade, unverdient geliebt zu sein, obwohl man Sünder ist. Darum kann Franziskus wie der heilige Paulus sagen: »Ich aber will mich allein des Kreuzes Jesu Christi, unseres Herrn, rühmen« (Gal 6,14).

Wir wenden uns an dich, heiliger Franziskus, und bitten dich: Lehre uns, vor dem Gekreuzigten zu verweilen, uns von ihm anschauen zu lassen, uns von seiner Liebe vergeben und neu erschaffen zu lassen.

Im Evangelium haben wir diese Worte gehört: »Kommt alle zu mir, die ihr euch plagt und schwere Lasten zu tragen habt. Ich werde euch Ruhe verschaffen. Nehmt mein Joch auf euch und lernt von mir; denn ich bin gütig und von Herzen demütig« (Mt 11,28–29).

Das ist das Zweite, was Franziskus uns bezeugt: *Wer Christus nachfolgt, empfängt den wahren Frieden, den nur er uns geben kann und nicht die Welt*. Der heilige Franziskus wird von vielen mit dem Frieden verbunden, und das ist recht so, doch wenige gehen in die Tiefe. Welches ist der Friede, den Franziskus empfangen und gelebt hat und den er an uns weitergibt? Es ist der Friede Christi, der den Weg über die größte Liebe, die des Kreuzes, genommen hat. Es ist der Friede, den der auferstandene Jesus den Jüngern schenkte, als er in ihrer Mitte erschien (vgl. Joh 20,19.20).

Der franziskanische Friede ist keine Gefühlsduselei. Bitte, diesen heiligen Franziskus gibt es nicht! Und er ist auch nicht eine Art pantheistischer Harmonie mit den Energien des Kosmos … Auch das ist nicht franziskanisch. Auch das ist nicht franziskanisch, sondern eine Idee, die einige entwickelt haben! Der Friede des heiligen Franziskus ist der Friede Christi, und diesen Frieden findet, wer Christi »Joch auf sich nimmt«, nämlich sein Gebot: Liebt einander, so wie ich euch geliebt habe (vgl. Joh 13,34; 15,12). Und dieses Joch kann man nicht mit Arroganz, mit Überheblichkeit, mit Hochmut tragen, sondern nur mit Gütigkeit und Herzensdemut kann man es tragen.

Wir wenden uns an dich, heiliger Franziskus, und bitten dich: Lehre uns, »Werkzeuge des Friedens« zu sein, jenes Friedens, der seine Quelle in Gott hat, des Friedens, den Jesus, der Herr, uns gebracht hat.

Franziskus beginnt seinen Sonnengesang so: »Höchster, allmächtiger, guter Herr … gelobt seist du … mit allen deinen Geschöpfen« (*FF*, 1820, in: *Franziskus-Quellen*, Kevelaer 2009, S. 40). Die Liebe zur gesamten Schöpfung, zu ihrer Harmonie. Der Heilige von Assisi bezeugt *die Achtung gegenüber allem, was Gott erschaffen hat* – und wie *Er* es erschaffen hat –, ohne mit der Schöpfung zu experimentieren, um sie zu zerstören: ihr helfen, sich zu entwickeln und immer schöner zu werden, immer mehr dem zu entsprechen, wie Gott sie geschaffen hat. Und vor allem bezeugt der heilige Franziskus die umfassende Achtung gegenüber dem Menschen, dass der Mensch berufen ist, den Menschen zu schützen, dass der Mensch im Zentrum der Schöpfung steht, an dem Ort, wo Gott, der Schöpfer, ihn wollte, und nicht Werkzeug der Götzen sei, die wir selber schaffen! Harmonie und Frieden: Franziskus war ein Mensch der Harmonie und des Friedens. Von dieser »Stadt des Friedens« aus wiederhole ich mit der Kraft und der Sanftheit der Liebe: Achten wir die Schöpfung, seien wir nicht Werkzeuge der Zerstörung! Achten wir jeden Menschen: Mögen die bewaffneten Konflikte, die die Erde mit Blut durchtränken, aufhören, mögen die Waffen schweigen und überall der Hass der Liebe weichen, die Beleidigung der Vergebung und die Zwietracht der Einheit! Hören wir den Schrei derer, die weinen, leiden und sterben aufgrund der Gewalt, des Terrorismus oder des Krieges – im Heiligen Land, das der heilige Franziskus so sehr liebte, in Syrien, im ganzen Nahen Osten, in aller Welt.

Wir wenden uns an dich, heiliger Franziskus, und bitten dich: Erwirke uns von Gott die Gabe, dass in dieser unserer Welt Harmonie, Frieden und Achtung gegenüber der Schöpfung herrsche!

(Franziskus, Predigt in Assisi, 4.10.2013)

Kein irrationaler Romantizismus

Ich glaube, dass Franziskus das Beispiel schlechthin für die Achtsamkeit gegenüber dem Schwachen und für eine froh und authentisch gelebte ganzheitliche Ökologie ist. Er ist der heilige Patron all derer, die im Bereich der Ökologie forschen und arbeiten, und wird auch von vielen Nichtchristen geliebt. Er zeigte eine besondere Aufmerksamkeit gegenüber der Schöpfung Gottes und gegenüber den Ärmsten und den Einsamsten. Er liebte die Fröhlichkeit und war wegen seines Frohsinns, seiner großzügigen Hingabe und seines weiten Herzens beliebt. Er war ein Mystiker und ein Pilger, der in Einfachheit und in einer wunderbaren Harmonie mit Gott, mit den anderen, mit der Natur und mit sich selbst lebte. An ihm wird man gewahr, bis zu welchem Punkt die Sorge um die Natur, die Gerechtigkeit gegenüber den Armen, das Engagement für die Gesellschaft und der innere Friede untrennbar miteinander verbunden sind.

Sein Zeugnis zeigt uns auch, dass eine ganzheitliche Ökologie eine Offenheit gegenüber Kategorien verlangt, die über die Sprache der Mathematik oder der Biologie hinausgehen und uns mit dem Eigentlichen des Menschen verbinden. Wie es uns geht, wenn wir uns in einen Menschen verlieben, so war jedes Mal, wenn er die Sonne, den Mond oder die kleinsten Tiere bewunderte, seine Reaktion die, zu singen und die anderen Geschöpfe in sein Lob einzubeziehen. Er trat mit der gesamten Schöpfung in Verbindung und predigte sogar den Blumen »und lud sie zum Lob des Herrn ein, wie wenn sie vernunftbegabte Wesen wären«. Seine Reaktion war weit mehr als eine intellektuelle Bewertung oder ein wirtschaftliches Kalkül, denn für ihn war jedes Geschöpf eine Schwester oder ein Bruder, ihm verbunden durch die Bande zärtlicher Liebe. Deshalb fühlte er sich berufen, alles zu hüten, was existiert. Sein Jünger, der heilige Bonaventura, erzählte: »Eingedenk dessen, dass alle Geschöpfe ihren letzten Ursprung in Gott haben, war er von noch überschwänglicherer Zuneigung zu ihnen erfüllt. Auch die kleinsten Geschöpfe nannte er deshalb Bruder und Schwester.« Diese Überzeugung darf nicht als irrationaler Romantizismus herabgewürdigt werden, denn sie hat Konsequenzen für die Optionen, die unser Verhalten bestimmen. Wenn wir uns der Natur und der Umwelt ohne diese Offenheit für das Staunen und das Wunder nähern, wenn wir in unserer Beziehung zur Welt nicht mehr die Sprache der Brüderlichkeit und der Schönheit sprechen, wird unser Verhalten das des Herrschers, des Konsumenten oder des bloßen Ausbeuters der Ressourcen sein, der unfähig ist, seinen unmittelbaren Interessen eine Grenze zu setzen. Wenn wir uns hingegen allem, was existiert, innerlich verbunden fühlen, werden Genügsamkeit und Fürsorge von selbst aufkommen. Die Armut und die Einfachheit des heiligen Franziskus waren keine bloß äußerliche Askese, sondern etwas viel Radikaleres: ein Verzicht darauf, die Wirklichkeit in einen bloßen Gebrauchsgegenstand und ein Objekt der Herrschaft zu verwandeln.

(Enzyklika Laudato si', 24.5.2015, Nr. 10f.)

Johannes XXIII. (1881–1963)

Der gütige, bauernschlaue Norditaliener Angelo Giuseppe Roncalli arbeitete in den dreißiger und vierziger Jahren des letzten Jahrhunderts als Vatikandiplomat u.a. in Bulgarien, der Türkei und Griechenland. Dabei lernte er das orthodoxe Christentum aus nächster Nähe kennen und konnte Juden bei der Flucht aus dem besetzten Griechenland helfen. Unmittelbar nach Kriegsende wurde er Nuntius in Paris und kam dort auch in Kontakt mit Nichtchristen und Marxisten – eine weitere Gelegenheit für ihn, Andersdenkende schätzen zu lernen. 1953 wurde er Patriarch von Venedig, fünf Jahre später wählte ihn ein Konklave nach dem Tod Pius' XII. zum Übergangspapst – zumindest deuteten viele die Wahl damals so.

*Doch Johannes XXIII. sorgte in nur fünf Jahren Pontifikat für einen rasanten Neuaufbruch und eine Öffnung der Kirche zur Außenwelt: Er berief zur allgemeinen Überraschung ein Konzil ein (das Zweite Vatikanum), setzte Gespräche mit anderen christlichen Kirchen und mit anderen Religionen in Gang, engagierte sich im Kalten Krieg für Frieden und für ein Aufbrechen der feindlichen Blöcke (*Enzyklika Pacem in Terris, *Vermittlungsversuch in der Kubakrise), initiierte mit Pilgerfahrten nach Assisi und Loreto die Ära der reisenden Päpste. Und vor allem ging er, etwa mit dem Besuch in einem römischen Gefängnis, in einer Weise auf die Menschen zu, wie man das bei einem Papst schon lange nicht mehr erlebt hatte.*

Franziskus konnte Johannes XXIII. 2014 auf dem Petersplatz heiligsprechen; eigentlich fehlte für einen Abschluss des Verfahrens noch ein von Johannes gewirktes Wunder, doch Franziskus setzte sich darüber hinweg (ein Papst darf das). Zusammen mit Johannes wurde auch Johannes Paul II. heiliggesprochen, und an der Feier nahm auch der emeritierte Papst Benedikt XVI. teil: Noch nie waren vier Päpste, zwei lebende und zwei tote, auf solche

Weise vereint gewesen. Franziskus schätzt an seinem Vorgänger Roncalli vor allem die Einfachheit, das Zugehen auf andere und die Offenheit des Denkens selbst im hohen Alter.

Ein geführter Führer

Vergessen wir nicht, dass es gerade die Heiligen sind, die die Kirche voranbringen und wachsen lassen. In der Einberufung des Konzils hat der heilige Johannes XXIII. eine feinfühlige *Folgsamkeit gegenüber dem Heiligen Geist* bewiesen, hat sich führen lassen und war für die Kirche ein Hirte, ein geführter Führer, geführt vom Heiligen Geist. Das war sein großer Dienst an der Kirche; darum denke ich gerne an ihn als den *Papst der Folgsamkeit gegenüber dem Heiligen Geist.*

(Predigt bei der Heiligsprechung, 27.4.2014)

Ein gütiger Priester

Vor genau fünfzig Jahren hat genau in dieser Stunde der selige Johannes XXIII. diese Welt verlassen. Wer wie ich ein gewisses Alter erreicht hat, erinnert sich noch lebhaft an die Betroffenheit, die in jenen Tagen überall zu spüren war: der Petersplatz war zu einem Wallfahrtsort unter freiem Himmel geworden, der Tag und Nacht Gläubige jeden Alters und Standes in Sorge und Gebet für die Gesundheit des Papstes aufnahm. Die ganze Welt betrachtete Papst Johannes als einen Hirten und einen Vater. Einen Hirten, weil er Vater war. Was hatte ihn dazu gemacht? Wie hat er es geschafft, die Herzen so unterschiedlicher Menschen zu erreichen, selbst diejenigen vieler Nicht-Christen? Um diese Frage zu beantworten, können wir uns auf seinen bischöflichen Wahlspruch berufen, *Oboedientia et pax*: Gehorsam und Frieden. »Diese Worte«, so schrieb Monsignore Roncalli am Vortag seiner Bischofsweihe, »spiegeln ein bisschen meine Geschichte und mein Leben wider« (*Geistliches Tagebuch, Exerzitien zur Vorbereitung auf die Bischofsweihe, 13.– 17. März 1925*).

Gehorsam und Frieden. Ich möchte beim Frieden beginnen, denn das ist der offenkundigste Aspekt, derjenige, den die Menschen an Papst Johannes wahrgenommen haben: Angelo Roncalli war ein Mann, der die Fähigkeit besaß, den Frieden zu vermitteln; einen ganz natürlichen Frieden, gelassen und herzlich; einen Frieden, der sich nach seiner Wahl zum Papst der ganzen Welt zeigte und dem der Name der Güte verliehen wurde. Es ist sehr schön, einen Priester zu finden, einen guten Priester, der gütig ist. Und das lässt mich an etwas denken, das der heilige Ignatius von Loyola – aber ich will hier keine Werbung machen! – zu den Jesuiten sagte, als er über die Eigenschaften sprach, die ein Oberer besitzen muss. Und er sagte: Er muss diese Charakteristik haben, jene, und jene, und jene ... ein langes Verzeichnis von Eigenschaften. Am Ende aber sagte er dies: »Und wenn ihm all diese Tugenden fehlen, dann sollte er zumindest gütig sein.« Und das ist das Wesentliche. Er ist ein Vater. Ein Priester, der gütig ist. Es steht ganz außer Zweifel, dass das ein ganz charakteristischer Zug seiner Persönlichkeit war, der es ihm gestattete, überall dauerhafte Freundschaften zu schließen und der vor allem in seinem Amt als Päpstlicher Nuntius zutage trat, einem Amt, das er fast dreißig Jahre lang ausübte und bei dem er oft mit Kreisen und Realitäten in Kontakt kam, die unendlich weit von jenem katholischen Universum entfernt waren, in dem er geboren und aufgewachsen war. Er erwies sich gerade in diesen Milieus als höchst erfolgreich darin, Verbindungen zu knüpfen und Einheit zu schaffen, innerhalb und auch außerhalb der kirchlichen Gemeinschaft, offen auch für den Dialog mit Christen anderer Kirchen, mit Vertretern des Judentums und des Islam und mit vielen anderen Menschen guten Willens. In Wirklichkeit übermittelte Papst Johannes Frieden, weil sein Gemüt zutiefst im Frieden war: Er hatte sich vom Heiligen Geist befrieden lassen. Und dieses friedvolle Gemüt war das Ergebnis einer langen, anspruchsvollen Arbeit an sich selbst, einer

Arbeit, von der sich reichlich Spuren im *Geistlichen Tagebuch* finden. Wir können dort den Seminaristen, den Priester, den Bischof Roncalli dabei sehen, wie er sich auf dem Weg der allmählichen Läuterung des Herzens abmüht. Wir sehen ihn Tag für Tag, wie er Acht gibt, die dem Egoismus entsprungenen Wünsche zu erkennen und abzutöten; wie er sich bemüht, die Inspirationen des Herrn zu erkennen, sich leiten zu lassen von weisen geistlichen Leitern und sich inspirieren zu lassen von Meistern wie dem heiligen Franz von Sales und dem heiligen Karl Borromäus. Wenn wir diese Schriften lesen, sehen wir wie diese Seele vor unseren Augen Gestalt annimmt unter der Anleitung des Heiligen Geistes, der in seiner Kirche, in den Seelen wirkt: Genau er war es, der ihm unter diesen guten Voraussetzungen den Frieden der Seele geschenkt hat.

Und hier kommen wir zum zweiten und entscheidenden Wort: »Gehorsam«. Wenn der Frieden seine äußere Charakteristik war, so stellte der Gehorsam für Roncalli die innere Haltung dar: der Gehorsam war in Wirklichkeit das Werkzeug, um den Frieden zu erlangen. Er hatte zunächst eine ganz einfache und konkrete Bedeutung: in der Kirche die Aufgaben erfüllen, die die Vorgesetzten ihm aufgetragen hatten, ohne dabei eigene Interessen zu verfolgen, sich vor nichts von dem zu drücken, was von ihm verlangt wurde, auch wenn das bedeutete, dass er seine Heimat verlassen und sich mit ihm völlig fremden Welten auseinandersetzen musste und jahrelang an Orten zu leben, wo es kaum Katholiken gab. Diese Bereitschaft, sich wie ein Kind führen zu lassen, prägte den Weg, den er als Priester durchlief und den ihr bestens kennt, vom Sekretär von Bischof Radini Tedeschi und gleichzeitigen Dozenten und geistlichen Vater im Diözesanseminar angefangen bis hin zum Päpstlichen Nuntius in Bulgarien, in der Türkei und Griechenland, in Frankreich, als Hirte der Kirche von Venedig und schließlich als Bischof von Rom. Durch diesen Gehorsam hat der Priester und Bischof

Roncalli allerdings auch eine noch tiefere Treue gelebt, die wir, wie er es ausgedrückt hätte, als Hingabe an die göttliche Vorsehung bezeichnen könnten. Er hat im Glauben immer erkannt, dass durch diesen Lebensweg – der allem Augenschein nach von anderen und nicht von seinen eigenen Vorlieben oder ausgehend von seiner persönlichen spirituellen Sensibilität gelenkt wurde – Gott seinen eigenen Plan verwirklichte. Er war ein Mann der Leitung, eine Führernatur. Aber ein Führer, der selbst im Gehorsam vom Heiligen Geist geführt wurde.

Noch viel tiefer erlebte der künftige Papst Johannes durch diese alltägliche Hingabe an Gottes Willen eine Läuterung, die es ihm gestattete, sich ganz von sich selbst zu lösen und Christus treu zu sein und dadurch jene Heiligkeit zutage treten zu lassen, welche die Kirche später offiziell anerkannt hat. Jesus sagt zu uns: »Wer sein Leben um meinetwillen verliert, der wird es retten« (Lk 9, 24). Das ist die wahre Quelle der Güte, des Friedens von Papst Johannes, den er in die Welt ausstrahlte, hier wurzelt seine Heiligkeit: in seinem mit dem Evangelium übereinstimmenden Gehorsam. Und das ist eine Lehre für einen jeden von uns, ebenso aber auch für die Kirche unserer Zeit: wenn wir es verstehen, uns vom Heiligen Geist führen zu lassen, wenn wir es verstehen, unseren Egoismus abzutöten, um Raum zu schaffen für die Liebe des Herrn und für seinen Willen, dann finden wir den Frieden, dann werden wir Werkzeuge des Frieden sein können und Frieden um uns verbreiten. Fünfzig Jahre nach seinem Tod sind die weise und väterliche Führung durch Papst Johannes, seine Liebe zur Tradition der Kirche und das Wissen um die unablässige Notwendigkeit des »Aggiornamento«, die prophetische Intuition der Einberufung des II. Vatikanischen Konzils und das Opfer seines eigenen Lebens für dessen gutes Gelingen weiterhin Meilensteine in der Geschichte der Kirche des 20. Jahrhunderts und ein klarer Orientierungspunkt für den Weg, der vor uns liegt.

(Ansprache, 3.6.2013)

Maria Magdalena

Sie war nach der Darstellung des Johannesevangeliums die Erste, die Jesus nach seiner Auferstehung lebend gesehen hat: Darum wird Maria Magdalena auch seit Thomas von Aquin »Apostolin der Apostel« genannt. Dass sie und andere Frauen »die ersten Zeuginnen der Auferstehung« waren, bringt Papst Franziskus »zum Nachdenken darüber, dass die Frauen in der Kirche und auf dem Glaubensweg eine besondere Rolle gehabt haben und auch heute haben« (Generalaudienz, 3.4.2013). Er will die Rolle der Frauen in der Kirche stärken – aber nicht (oder nicht nur), indem sie künftig mehr Ämter erobern können, sondern grundsätzlich, mit Hilfe einer noch zu entwickelnden »Theologie der Frau« (auf dem Flug von Brasilien nach Rom, 28.7.2013).

In dieses Bild gehört, dass Franziskus Maria Magdalena im Juni 2016 per Dekret liturgisch aufgewertet hat: Ihr Fest am 22. Juli wurde den Apostelfesten gleichgestellt. Ein kleiner Schritt aufwärts im »Who is who« der Heiligen, aber ein großer Schritt für die Wertschätzung der Rolle von Frauen in der Kirche. Die zuständige Gottesdienst-Kongregation des Vatikans nannte Maria Magdalena ausdrücklich ein »Paradigma für das ministerium *von Frauen in der Kirche«; »ministerium« bedeutet zunächst »Dienst«, aber auch die Übersetzung »Amt« schwingt da in manchen Sprachen durchaus mit. Und in einem Begleitschreiben nannte der zweite Mann (sic) der Kongregation, Erzbischof Arthur Roche, die Heilige auch ausrücklich eine »Evangelistin«.*

Aus der Sicht des Papstes und des Vatikans ist es entscheidend, dass Maria Magdalena sowohl unter dem Kreuz Jesu stand als auch seine Auferstehung bezeugte – nicht dagegen, ob sie auch mit der Sünderin zu identifizieren ist, die längere Zeit vor der Passion des Herrn im Haus eines Pharisäers wohlriechendes Öl über die Füße Jesu gegossen hat. Oder ob sie die Schwester von Lazarus und Marta aus Bethanien war. Die kirchliche Tradition der West-

kirche hat diese Identifizierungen vorgenommen, was zu vielen Ausformungen in Kunst und Literatur geführt hat, doch viele Forscher sind da skeptisch. »Sicher ist, dass Maria Magdalena zum Kreis der Jünger Jesu gehörte«, betonte Roche in dem Schreiben, »dass sie ihm bis zum Kreuz folgte und dass sie im Garten, in dem das Grab Jesu war, zur ersten Zeugin der göttlichen Barmherzigkeit wurde«.

Der Erzbischof sah in dieser Gartenszene sogar eine Parallele zum Garten Eden; Maria Magdalena rückt in dieser Perspektive in den Rang einer neuen Eva. Das ist interessant, denn üblicherweise wird dieser Vergleich zur Stammmutter Eva eher mit Maria, der Mutter Jesu, angestellt.

Da ist jemand, der uns kennt

Heute begegnen wir der Frau, die den Evangelien zufolge als Erste den auferstandenen Jesus sah: Maria von Magdala. Die Sabbatruhe war gerade zu Ende gegangen. Am Tag des Leidens war keine Zeit gewesen, die Bestattungsriten zu vollenden; daher gehen die Frauen an jenem von Trauer erfüllten frühen Morgen mit den wohlriechenden Salben zum Grab Jesu. Die Erste, die ankommt, ist sie: Maria von Magdala, eine der Jüngerinnen, die Jesus von Galiläa her begleitet und sich in den Dienst der entstehenden Kirche gestellt hatten. In ihrem Gang zum Grab spiegelt sich die Treue vieler Frauen wider, die im Gedenken an jemanden, der nicht mehr da ist, jahrelang treu die Friedhöfe besuchen. Echte Bindungen werden nicht einmal vom Tod zerrissen: Da ist jemand, der weiterhin liebt, auch wenn der geliebte Mensch für immer von uns gegangen ist.

Das Evangelium (vgl. Joh 20,1–2.11–18) beschreibt Maria von Magdala und macht sofort deutlich, dass sie keine Frau war, die sich leicht begeistern ließ. Denn nach dem ersten Besuch beim Grab kehrt sie enttäuscht an den Ort zurück, an dem die Jünger sich versteckten. Sie berichtet, dass der Stein vom Eingang des Grabes weggenommen worden war, und ihre erste Annahme ist die einfachste, die man formulieren konnte: Jemand muss den Leichnam Jesu gestohlen haben.

So ist die erste Verkündigung, die Maria bringt, nicht die von der Auferstehung, sondern von einem Diebstahl, den Unbekannte begangen haben, während ganz Jerusalem schlief. Dann berichten die Evangelien, dass Maria von Magdala ein zweites Mal zum Grab Jesu gegangen ist. Sie war hartnäckig! Sie ging hin, kehrte zurück … weil sie nicht überzeugt war!

Diesmal geht sie langsamen, schwerfälligen Schrittes. Maria leidet zweifach: vor allem wegen des Todes Jesu, und dann auf Grund des unerklärlichen Verschwindens seines Leichnams. Und während sie gebeugt am Grab steht, mit den Augen voller Tränen, überrascht Gott sie auf völlig unerwartete Weise. Der Evangelist Johannes betont, wie anhaltend ihre Blindheit ist: Sie bemerkt nicht die Gegenwart zweier Engel, die ihr Fragen stellen, und sie wird auch nicht misstrauisch, als sie den Mann hinter sich sieht, von dem sie meint, es sei der Gärtner. Stattdessen entdeckt sie das erschütterndste Ereignis der Menschheitsgeschichte, als sie endlich mit Namen angesprochen wird: »Maria!« (V. 16). Wie schön ist es, sich vor Augen zu halten, dass die erste Erscheinung des Auferstandenen – den Evangelien zufolge – auf so persönliche Weise geschehen ist! Dass jemand da ist, der uns kennt, der unser Leiden und unsere Enttäuschung sieht, der Mitleid für uns empfindet und uns beim Namen ruft. Dieses Gesetz finden wir auf vielen Seiten des Evangeliums eingeprägt.

Im Umkreis von Jesus sind viele Menschen, die Gott suchen; aber die wunderbarste Wirklichkeit ist, dass es vor allem und noch viel früher Gott ist, der für unser Leben Sorge trägt, der es wieder aufrichten will, und darum spricht er uns mit Namen an und erkennt das persönliche Gesicht eines jeden. Jeder Mensch ist eine Liebesgeschichte, die Gott auf dieser Erde schreibt. Jeder von uns ist eine Liebesgeschichte Gottes. Jeden von uns spricht Gott mit seinem eigenen Namen an: Er kennt unseren Namen, er blickt uns an, er wartet auf uns, er vergibt uns, er hat Geduld mit uns. Ist das wahr, oder ist es nicht wahr? Jeder von uns macht diese Erfahrung.

Jesus ruft sie: »Maria!« Die Revolution ihres Lebens, die Revolution, die dazu bestimmt ist, das Dasein jedes Mannes und jeder Frau zu verwandeln, beginnt mit einem Namen, der im Garten des leeren Grabes widerhallt. Die Evangelien beschreiben uns die Freude Marias: Die Auferstehung Jesu ist keine Freude, die tröpfchenweise verabreicht wird, sondern ein Wasserfall, der über das ganze Leben hereinbricht. Die christliche Existenz ist nicht durchwoben mit seichten Glücksgefühlen, sondern mit Wogen, die alles mitreißen. Versucht auch ihr in diesem Augenblick, mit der Last der Enttäuschungen und Niederlagen, die jeder von uns im Herzen trägt, daran zu denken, dass es einen Gott gibt, der uns nahe ist und der uns beim Namen ruft und zu uns sagt: »Steh wieder auf, hör auf zu weinen, denn ich bin gekommen, um dich zu befreien!« Das ist schön.

Jesus ist nicht jemand, der sich der Welt anpasst und es duldet, dass in ihr der Tod, die Traurigkeit, der Hass, die sittliche Zerstörung der Menschen andauern … Unser Gott ist nicht untätig, sondern unser Gott – ich erlaube mir dieses Wort – ist ein Träumer: Er träumt von der Verwandlung der Welt, und er hat sie im Geheimnis der Auferstehung verwirklicht.

Maria möchte ihren Herrn umarmen, aber er ist bereits auf den himmlischen Vater ausgerichtet, während sie gesandt wird, den Brüdern die Botschaft zu überbringen. Und so ist diese Frau, die, bevor sie Jesus begegnete, in der Gewalt des Bösen war (vgl. Lk 8,2), zur Apostelin der neuen und größten Hoffnung geworden. Ihre Fürsprache möge uns helfen, dass auch wir diese Erfahrung machen: in der Stunde der Trauer und in der Stunde der Verlassenheit den auferstandenen Jesus zu hören, der uns beim Namen ruft, und mit dem Herzen voll Freude hinzugehen und zu verkünden: »Ich habe den Herrn gesehen!« (V. 18).

(Generalaudienz, 17.5.2017)

Heiliger Josef

So viel wissen wir gar nicht vom heiligen Josef: Er war ein Mann, »dessen Alter wir nicht einmal kennen« (Papst Franziskus in der Frühmesse vom 20.3.2017) und den wir an entscheidenden Stellen des Neuen Testaments schlafend vorfinden. Für eine Biografie des Nährvaters Jesu ist das eigentlich »zu dünn«. Aber es verrät uns etwas vom »Stil Gottes«, findet der Papst: Gerade der »Träumer« ist es, der »auf seinen Schultern all diese Verheißungen der Nachkommenschaft, des Erbes, der Vaterschaft, der Sohnschaft, der Stabilität des Volkes trägt« (ebd.).

Für Franziskus, der 2013 zufällig gerade am Fest des heiligen Josef, einem 19. März, sein Amt als Bischof von Rom angetreten hat, ist Josef »der Mann im Verborgenen, der Mann der Stille …, der Mann, der in jenem Augenblick die größte Autorität hat, ohne es zu zeigen«. Ein Mann, der »uns vieles sagen« könnte, und trotzdem »spricht er nicht«; der »befehlen« könnte, da er über den Sohn Gottes gebietet, und trotzdem »gehorcht er«.

Gott habe dem heiligen Josef »schwache Dinge« anvertraut, denn alle noch nicht der Erfüllung nahegerückten Verheißungen seien »schwach«. »All diese Schwächen nimmt Josef in die Hand«, er bringe »die Verheißungen voran, damit sie fest, damit sie sicher werden«. Und darum, so sagt Papst Franziskus, »stelle ich mir Josef gern als den Hüter der Schwächen vor«, auch »unserer Schwächen«.

Und als »Hüter des Traumes Gottes«: »Der Traum unseres Vaters, der Traum Gottes, der Erlösung, der Traum, uns alle zu retten, dieser Neuschöpfung – er wird ihm anvertraut … Groß ist dieser Zimmermann!«

Ein demütiger Hüter, voller Güte und Zärtlichkeit

Wir haben im Evangelium gehört, dass Josef »tat, was der Engel des Herrn ihm befohlen hatte, und nahm seine Frau zu sich« (Mt 1,24). In diesen Worten ist schon die Aufgabe enthalten, die Gott dem Josef anvertraut, nämlich *custos* – Hüter – zu sein. Hüter von wem? Von Maria und Jesus; aber es ist eine Obhut, die sich dann auf die Kirche ausweitet: Der selige Johannes Paul II. hat hervorgehoben, dass »der heilige Josef so, wie er für Maria liebevoll Sorge trug und sich voll Freude und Eifer der Erziehung Jesu Christi widmete, seinen mystischen Leib, die Kirche, deren Gestalt und Vorbild die heilige Jungfrau ist, hütet und beschützt« (Apostolisches Schreiben *Redemptoris Custos*, 1).

Wie führt Josef diese Hüter-Tätigkeit aus? Rücksichtsvoll, demütig, im Stillen, aber beständig gegenwärtig und in absoluter Treue, auch dann, wenn er nicht versteht. Von der Heimholung Marias bis zur Episode des zwölfjährigen Jesus im Tempel von Jerusalem begleitet er fürsorglich und liebevoll jeden Moment. Er steht Maria, seiner Braut, in den unbeschwerten wie in den schwierigen Momenten des Lebens zur Seite, auf der Reise nach Bethlehem zur Volkszählung und in den bangen und frohen Stunden der Geburt; im dramatischen Moment der Flucht nach Ägypten und bei der sorgenvollen Suche des Sohnes, der im Tempel geblieben war; und dann im Alltag des Hauses in Nazaret, in der Werkstatt, wo er Jesus das Handwerk gelehrt hat.

Wie lebt Josef seine Berufung als Hüter von Maria, Jesus und der Kirche? In der ständigen Aufmerksamkeit gegenüber Gott, offen für dessen Zeichen, verfügbar für dessen Plan, dem er den eigenen unterordnet … Josef ist »Hüter«, weil er auf Gott zu hören versteht, sich von seinem Willen leiten lässt. Und gerade deshalb ist er noch einfühlsamer für die ihm anvertrauten Menschen, weiß mit Realismus die Ereignisse zu deuten, ist aufmerksam auf seine Umgebung und versteht die klügsten Entscheidungen zu treffen. An ihm sehen wir, liebe Freunde, wie man auf den Ruf Gottes antwortet: verfügbar und unverzüglich; aber wir sehen auch, welches die Mitte der christlichen Berufung ist: Christus! Hüten wir Christus in unserem Leben, um die anderen zu behüten, um die Schöpfung zu bewahren! …

Und wenn der Mensch dieser Verantwortung nicht nachkommt, wenn wir uns nicht um die Schöpfung und um die Mitmenschen kümmern, dann gewinnt die Zerstörung Raum, und das Herz verdorrt. In jeder Epoche der Geschichte gibt es leider solche »Herodes«, die Pläne des Todes schmieden, das Gesicht des Menschen zerstören und entstellen …

Das Sich-Kümmern, das Hüten verlangt Güte, es verlangt, mit Zärtlichkeit gelebt zu werden. In den Evangelien erscheint Josef als ein starker, mutiger, arbeitsamer Mann, aber in seinem Innern zeigt sich eine große Zärtlichkeit, die nicht etwa die Tugend des Schwachen ist, nein, im Gegenteil: Sie deutet auf eine Seelenstärke hin und auf die Fähigkeit zu Aufmerksamkeit, zu Mitleid, zu wahrer Öffnung für den anderen, zu Liebe. Wir dürfen uns nicht fürchten vor Güte, vor Zärtlichkeit!

(Predigt zum Beginn des Pontifikats, 19.3.2013)

Schlafend leitet er die Kirche

Die Heilige Schrift spricht selten vom heiligen Josef, doch wenn sie es tut, finden wir ihn oft ruhend, während ein Engel ihm im Traum Gottes Willen offenbart … Josefs Ruhe offenbart ihm Gottes Willen. In diesem Moment der Ruhe im Herrn, da wir innehalten und all unsere vielen täglichen Pflichten und Aktivitäten unterbrechen, spricht Gott auch zu uns …

Ruhen im Herrn. Die Ruhe ist so notwendig für die Gesundheit unseres Geistes und unseres Leibes und oft so schwer zu erlangen wegen der vielen Anforderungen, die an uns gestellt werden. Aber Ruhe ist auch wesentlich für unsere spirituelle Gesundheit, damit wir Gottes Stimme hören und verstehen können, was er von uns verlangt. Josef war von Gott erwählt, Jesu Pflegevater und Marias Gemahl zu sein. Als Christen seid auch ihr berufen, wie Josef ein Heim für Jesus zu bereiten …

Um Gottes Ruf, Jesus ein Heim zu bereiten, zu hören und anzunehmen, müsst ihr fähig sein, im Herrn zu ruhen. Ihr müsst jeden Tag Zeit schaffen, um im Herrn zu ruhen, ja, um zu beten. Gebet ist Ruhen in Gott. Nun könnt ihr einwenden – ich weiß es: Heiliger Vater, ich möchte beten, aber es ist so viel Arbeit zu erledigen! Ich muss mich um meine Kinder kümmern; ich habe Pflichten im Hause; ich bin sogar zu müde, um gut zu schlafen. Das stimmt. Das mag wahr sein, aber wenn wir nicht beten, werden wir das Wichtigste von allem nicht erkennen: Gottes Willen für uns. Und trotz all unseres Tuns, unserer Betriebsamkeit, werden wir ohne Gebet sehr wenig vollbringen …

Ich möchte euch heute Abend auch etwas ganz Persönliches sagen. Ich liebe den heiligen Josef sehr, denn er ist ein starker und ein schweigsamer Mann. Auf meinem Schreibtisch habe ich ein Bild des heiligen Josefs, der schläft. Und schlafend leitet er die Kirche! Ja! Er kann es, wir wissen das. Und wenn ich ein Problem habe, eine Schwierigkeit, dann schreibe ich es auf ein kleines Blatt und schiebe es unter den heiligen Josef, damit er davon träumt! Das bedeutet: damit er für dieses Problem betet! …

Das Geschenk der Heiligen Familie wurde dem heiligen Josef anvertraut, damit er sie voranbringen sollte. Jedem von euch und von uns – denn auch ich bin Sohn einer Familie – wird der Plan Gottes anvertraut, um ihn voranzubringen. Der Engel des Herrn offenbarte Josef die Gefahren, die Jesus und Maria bedrohten und sie zwangen, nach Ägypten zu fliehen und sich danach in Nazareth niederzulassen. So fordert Gott in unserer Zeit auch uns auf, die Gefahren zu erkennen, die unsere eigenen Familien bedrohen, und sie vor Schaden zu bewahren … Und den heiligen Josef, der ein Freund des Engels ist, müssen wir um seine Fürsprache bitten, damit wir wissen, wann wir »ja« sagen können und wann wir »nein« sagen müssen …

Josef hörte auf den Engel des Herrn und kam dem Ruf Gottes, für Jesus und Maria zu sorgen, nach. Auf diese Weise spielte er seine Rolle in Gottes Plan und wurde zum Segen nicht nur für die Heilige Familie, sondern für die gesamte Menschheit. Gemeinsam mit Maria diente Josef dem Jesusknaben als Vorbild, als dieser heranwuchs, seine Weisheit zunahm und er bei Gott und den Menschen Gefallen fand (vgl. Lk 2,52). Wenn Familien Kinder zur Welt bringen, sie im Glauben und in gesunden Werten erziehen und sie lehren, ihren Beitrag zur Gesellschaft zu leisten, werden sie zum Segen in unserer Welt. Die Familie kann der Welt zum Segen werden! Gottes Liebe wird gegenwärtig und wirksam durch die Art, wie wir lieben, und durch die guten Werke, die wir vollbringen. Wir breiten Christi Königreich in dieser Welt aus. Und indem wir das tun, erweisen wir uns als treu gegenüber der prophetischen Sendung, die wir in der Taufe erhalten haben …

Vergesst nicht den ruhenden Josef! Jesus hat im Schutz des heiligen Josef geschlafen. Vergesst nicht: Die Ruhe der Familie ist das Gebet.

(Ansprache an Familien in Manila/Philippinen, 16.1.2015)

Óscar Arnulfo Romero (1917–1980)

Als Papst Paul VI. Romero 1977 zum Erzbischof von San Salvador ernannte, galt dieser als etwas farbloser Konservativer, der die Kreise der regierenden Elite und des Militärs in seinem Land schon nicht stören würde. Doch im Amt veränderte sich Romero: Er nahm auf einmal das Elend der Arbeiter und der Menschen auf dem Land wahr, und als die Regierung in der Hauptstadt auf Demonstranten schießen ließ, wurde aus dem eher angepassten Gottesmann unversehens ein Kämpfer. Der Erzbischof begann, für die Entrechteten einzutreten und die Herrschenden anzuklagen.

Rom rief ihn deshalb mehrfach zum Rapport, doch in El Salvador, ja ganz Mittel- und Lateinamerika hefteten sich immer mehr Hoffnungen auf Romero. Die Befreiungstheologie begann in ihm eine Führungsfigur zu sehen, auch für den Friedensnobelpreis war er im Gespräch. Am 23. März 1980 forderte Romero »im Namen Gottes und im Namen dieses leidenden Volkes« ein »Ende der Unterdrückung« – ein Zitat wie Donnerhall. Einen Tag später wurde er während der Messfeier von Mitgliedern einer Todesschwadron erschossen. Kurz darauf begann ein Bürgerkrieg, der über zehn Jahre dauerte und Zehntausende von Menschenleben forderte.

Rom tat sich jahrzehntelang schwer mit diesem Märtyrer – dem ersten Bischof seit dem Mittelalter, der am Altar ermordet worden war. »Es gab« (man lese: gibt) »das Problem, dass eine politische Seite ihn unrechtmäßig für sich als Galionsfigur, als emblematische Gestalt beanspruchte«, referierte Benedikt XVI. freimütig gegenüber Journalisten. »Wie kann man nun seine Gestalt ins rechte Licht rücken und sie vor diesen Versuchen der Instrumentalisierung schützen? Das ist das Problem.« (Auf dem Flug nach Brasilien, 9.5.2007) Tatsächlich ist Romero schnell zu einer Ikone der Linken geworden, Seite an Seite mit Che Guevara.

Doch Johannes Paul II. – der schon drei Jahre nach dem Mord an Romeros Grab betete – und auch Benedikt XVI. erkannten beide an, dass Romero »sicher ein großer Glaubenszeuge« war, »der sich für den Frieden und gegen die Diktatur eingesetzt hat« und den »Tod eines Glaubenszeugen« gestorben sei (ebd.).

Als Jorge Mario Bergoglio als erster Lateinamerikaner der Geschichte 2013 zum Bischof von Rom gewählt wurde, machte er die Causa Romero zur Chefsache. Schließlich stand der Erzbischof von San Salvador wie kaum ein anderer für die »Kirche der Armen«, nach der der neue Papst rief. Und siehe da: Schon zwei Jahre später hatten sich alle Hindernisse in Luft aufgelöst, Romero wurde seliggesprochen, und seine Kanonisierung dürfte nur noch eine Frage der Zeit sein.

Im Juni 2017 erhob Franziskus außerdem in einer spektakulären Geste einen Weihbischof von San Salvador, der Romeros menschenrechtlichen Einsatz gewissermaßen fortsetzt (und der 1990 dessen Seligsprechungsverfahren angestoßen hatte), zum Kardinal; jeder wusste, wem diese Purpurverleihung eigentlich galt.

Er sah und hörte das Leiden seines Volkes

Die Seligsprechung von Monsignore Óscar Arnulfo Romero Galdámez, der Hirte Ihres geliebten Bistums war, ist ein Grund zu großer Freude für alle Einwohner El Salvadors und für uns, die wir uns am Beispiel der besten Kinder der Kirche erfreuen. Monsignore Romero, der in der Kraft der Liebe den Frieden aufgebaut hat, hat bis zur Hingabe seines Lebens Zeugnis vom Glauben abgelegt.

Der Herr lässt sein Volk nie im Stich, wenn es in Schwierigkeiten ist, und zeigt sich immer aufmerksam gegenüber seinen Bedürfnissen. Er *sieht* die Unterdrückung, *hört* den Schmerzensschrei seiner Kinder und kommt ihnen zu Hilfe, um sie von der Unterdrückung zu befreien und in ein neues, fruchtbares und weites Land zu führen, in dem »Milch und Honig fließen«

(vgl. Ex 3,7–8). Wie er eines fernen Tages Mose auswählte, damit dieser in seinem Namen sein Volk anführen möge, so sucht er weiterhin Hirten nach seinem Herzen aus, damit sie behutsam und umsichtig seine Hirte auf die Weide führen (vgl. Jer 3,15).

In diesem schönen mittelamerikanischen Land, das vom Pazifischen Ozean umspült wird, hat der Herr seiner Kirche einen eifrigen Bischof geschenkt, der mit seiner Liebe zu Gott und seinem Dienst an den Geschwistern zum Abbild Christi, des Guten Hirten, geworden ist. In Zeiten schwierigen Zusammenlebens wusste Monsignore Romero seine Herde zu führen, zu verteidigen und zu beschützen, wobei er dem Evangelium treu und in der Gemeinschaft mit der ganzen Kirche blieb. Sein Dienst hat sich durch eine besondere Aufmerksamkeit für die Ärmsten und an den Rand Gedrängten ausgezeichnet. Und im Moment seines Todes, als er das Heilige Opfer der Liebe und der Versöhnung feierte, hat er die Gnade erhalten, gänzlich Dem ähnlich zu werden, der sein Leben hingegeben hat für seine Schafe.

An diesem Festtag für die salvadorianische Nation und auch für die lateinamerikanischen Bruderländer danken wir Gott dafür, dass er dem Märtyrerbischof die Fähigkeit verliehen hat, das Leiden seines Volkes zu *sehen* und zu *hören*, und dass er ihm das Herz verwandelt hat, um es in seinem Namen zu lenken und zu erleuchten, bis dahin, dass sein Handeln zu einer vollgültigen Übung der christlichen Nächstenliebe wurde.

Die Stimme des neuen Seligen ertönt auch heute von neuem, um uns daran zu erinnern, dass die Kirche, dieser Zusammenschluss von Geschwistern um ihren Herrn, die Familie Gottes ist, in der es keine Spaltung geben darf. Der Glaube an Jesus Christus weckt, wenn er richtig verstanden und bis zu seinen letzten Konsequenzen angenommen wird, Gemeinschaften, die zu Baumeistern von Frieden und Solidarität werden. Dazu ist heute die Kirche in El Salvador, in Amerika und in der ganzen Welt aufgerufen: reich an Barmherzigkeit zu sein, Sauerteig der Versöhnung für die Gesellschaft zu werden.

Monsignore Romero lädt uns zu gesundem Menschenverstand und zum Nachdenken ein, zum Respekt vor dem Leben und zur Eintracht. Es ist notwendig, auf die »Gewalt des Schwerts, die Gewalt des Hasses« zu verzichten und »die Gewalt der Liebe« zu leben, »die, die dazu geführt hat, dass Jesus sich ans Kreuz schlagen ließ, die, die jeder Einzelne braucht, um die eigenen Egoismen zu besiegen, und damit es keine so grausamen Ungleichheiten unter uns gibt«. Er hat es vermocht, »den Egoismus, der sich in jenen verbirgt, die anderen nichts von dem abgeben wollen, was ihnen gehört«, zu sehen und am eigenen Leib zu erleben. Und mit dem Herz eines Vaters war er voller Sorge über die »Mehrheit der Armen«, weshalb er die Mächtigen bat, »die Waffen zu Pflugscharen für die Arbeit« umzuschmieden.

Alle, die Monsignore Romero als Freund im Glauben kennengelernt haben, die ihn als Beschützer und Fürsprecher anrufen oder die seine Gestalt bewundern, mögen in ihm die Kraft und den Mut finden, um das Reich Gottes zu errichten und sich für eine gerechtere und würdigere soziale Ordnung einzusetzen.

Der Moment ist günstig für eine wirkliche und echte nationale Versöhnung angesichts der Herausforderungen, die sich heute stellen. Der Papst nimmt Anteil an Ihren Hoffnungen, er schließt sich Ihren Gebeten an, damit die Saat des Martyriums aufgehe und die Söhne und Töchter dieser Nation, die sich des Namens des göttlichen Erlösers der Welt rühmt, auf ihrem Weg gestärkt werden.

(Brief an den Erzbischof von San Salvador, 23.5.2015; eigene Übersetzung aus dem Spanischen)

Das Martyrium nicht gesucht

Das »Ja« Jesu und Marias wiederholt sich im »Ja« der Heiligen und besonders der Märtyrer, die um des Evangeliums willen getötet werden. Ich betone dies in der Erinnerung daran, dass gestern, am 24. März, dem Jahrestag der Ermordung des Erzbischofs von San Salvador, Oscar Romero, der Gebets- und Fastentag für die Missionare stattfand, die den Märtyrertod erlitten haben: Bischöfe, Priester, Ordensmänner, Ordensfrauen und Laien, die bei der Erfüllung ihres Auftrags zur Evangelisierung und Förderung des Menschen ums Leben gebracht wurden. Sie, die Märtyrermissionare, sind »Hoffnung für die Welt«, … weil sie bezeugen, dass die Liebe Christi stärker ist als Gewalt und Hass. Sie haben das Martyrium nicht gesucht, waren aber bereit, ihr Leben hinzugeben, um dem Evangelium treu zu bleiben. Das christliche Martyrium rechtfertigt sich nur als höchster Akt der Liebe zu Gott und zu den Brüdern und Schwestern.

(Benedikt XVI., Angelus, 25.3.2007)

Teresa von Ávila (1515–1582)

Sie gehört ins siglo de oro, *ins Goldene Zeitalter der spanischen Heiligkeit: Teresa von Ávila, als erste Frau (zusammen mit Katharina von Siena) Anfang der Siebziger des letzten Jahrhunderts zur Kirchenlehrerin erhoben. Eine Kirchenlehrerin, die aus einer zum Christentum konvertierten jüdischen Familie stammte, in ihrer Kindheit Ritterromane verschlang, zunächst vor allem aus Angst vor der Ehe in ein Kloster eintrat, von Visionen der göttlichen Liebe heimgesucht wurde, den Karmeliterorden erneuerte, auf ununterbrochenen Reisen Dutzende von Klöstern gründete und »nebenbei« zu einer der größten geistlichen Schriftstellerinnen und Mystikerinnen wurde.*

Etwas vergessen? Ach ja – Ärger mit der Inquisition hatte sie natürlich auch, wie alle großen Heiligen ihrer Zeit und ihrer Breitengrade. Und ihr Freund war Johannes vom Kreuz, der große Mystiker – die beiden sind ein geistesverwandtes Paar, das an Franz und Klara von Assisi erinnert. »Wenn Fasten, dann Fasten, wenn Rebhuhn, dann Rebhuhn« soll sie einmal geäußert haben; dahinter steht, dass sie übertriebener Kasteiung eher misstraute, stattdessen auf Offenheit für Gottes barmherzige Liebe setzte. Bernini hat Jahrhunderte nach ihr eine ihrer Visionen in Marmor dargestellt; ein Engel durchbohrt lächelnd ihr Herz mit einem Pfeil, ihre Augen sind geschlossen, die Lippen halb geöffnet in einer Ekstase, die fast schon sexuelle Anklänge hat.

Teresa entstammt dem geschichtlichen Moment, in dem auch der Jesuitenorden entstand und in dem Papst Franziskus geistlich verwurzelt ist. Zweierlei verbindet ihn besonders mit ihr: die Einsicht, dass unser Leben ein Weg ist und dass wir Gott nur unterwegs begegnen; und die Betonung der Freude, um die auch Franziskus' erste Programmschrift Evangelii Gaudium, *»Die Freude des Evangeliums«, kreist. Fast wäre der Papst zu den 500-Jahr-Feiern von Teresas Geburt nach Ávila gereist.*

Es ist Zeit aufzubrechen

Am 28. März 1515 wurde in Ávila ein Mädchen geboren, das später unter dem Namen »heilige Teresa von Jesus« bekannt werden sollte. Während ihr 500. Geburtstag näher rückt, richte ich meinen Blick auf diese Stadt, um Gott Dank zu sagen für das Geschenk dieser großen Frau und um die Gläubigen der Diözese Ávila und alle Spanier zu ermutigen, die Geschichte dieser bedeutenden Gründerin kennenzulernen wie auch ihre Bücher zu lesen, die uns gemeinsam mit ihren Töchtern in den zahlreichen Karmelitenklöstern der ganzen Welt immer noch sagen, wer und wie Mutter Teresa war und was sie uns Männer und Frauen der heutigen Zeit lehren kann.

In der Schule dieser Heiligen, die immer auf dem Weg war, lernen wir, Pilger zu sein. Mit dem Bild des Weges lässt sich die Lehre ihres Lebens und ihrer Werke sehr gut zusammenfassen. Teresa verstand das Leben als Weg der Vollkommenheit, auf dem Gott den Menschen von Wohnung zu Wohnung führt, bis zu ihm hin, und ihn zugleich zu den Menschen schickt. Auf welchen Wegen will uns der Herr führen, auf den Spuren der heiligen Teresa und von ihr an die Hand genommen? Ich möchte an vier Wege erinnern, die mir sehr gut tun: Freude, Gebet, Brüderlichkeit und die eigene Zeit.

Teresa von Jesus lädt ihre Mitschwestern ein, »freudig voranzugehen« im Dienen (*Weg der Vollkommenheit* 18,5). Die wahre Heiligkeit ist Freude, denn: »Ein Heiliger, der traurig ist, ist ein trauriger Heiliger.« Bevor die Heiligen heroische Helden werden, sind sie die Frucht der Gnade, die Gott den Menschen schenkt. Jeder Heilige zeigt uns einen besonderen Zug des vielgestaltigen Antlitzes Gottes. In der heiligen Teresa betrachten wir Gott, »höchste Majestät, ewige Weisheit« (*Gedichte* 2), der sich als naher Weggefährte offenbart und dessen Freude es ist, sich mit den Menschen auszutauschen: Gott freut sich mit uns. Und seine Liebe zu spüren weckte in der Heiligen eine ansteckende Freude, die sie nicht verbergen konnte und die sie um sich verbreitete.

Diese Freude ist ein Weg, den man das ganze Leben gehen muss. Sie ist nicht momentan, oberflächlich, stürmisch. Man muss sie »am Anfang« (*Leben* 13,1) suchen. Sie ist Ausdruck der inneren Freude der Seele, sie ist demütig und »bescheiden« (vgl. *Klostergründungen* 12,1). Man erreicht sie nicht auf dem leichteren Weg unter Vermeidung von Entsagung, Leid oder Kreuz, sondern man findet sie, indem man Sorgen und Schmerzen erduldet (vgl. *Leben* 6,2; 30,8) und dabei auf den Gekreuzigten blickt und den Auferstandenen sucht (vgl. *Weg der Vollkommenheit* 26,4).

Deshalb ist die Freude der heiligen Teresa weder egoistisch noch selbstbezogen. Wie die Freude des Himmels besteht sie darin, sich »an der Freude aller zu freuen« (*Weg der Vollkommenheit* 30,5) und mit uneigennütziger Liebe den anderen zu dienen. Wie zu einem ihrer Klöster, das sich in Schwierigkeiten befand, sagt die Heilige heute auch zu uns, und vor allem zu den jungen Menschen: »Hört nicht auf, freudig voranzugehen!« (Brief 284,4). Das Evangelium ist kein Sack voller Blei, den man mühsam mitschleppt, sondern eine Quelle der Freude, die das Herz mit Gott erfüllt und es drängt, den Brüdern und Schwestern zu dienen! Die Heilige ist auch den Weg des Gebets gegangen, das sie sehr schön bezeichnet hat als »freundschaftlichen Umgang, bei dem wir oftmals ganz allein mit dem reden, von dem wir wissen, dass er uns liebt« (*Leben* 8,5). In schwierigen Zeiten »bedarf es starker Freunde Gottes, um die Schwachen zu stützen« (*Leben* 15,5). Beten bedeutet nicht, zu fliehen, sich in einer Luftblase aufzuhalten, sich zu isolieren, sondern in einer Freundschaft Fortschritte zu machen.

Und je mehr sie wächst, desto mehr tritt man in Kontakt zum Herrn, dem »guten Freund« und treuen »Weggefährten«, mit dem gemeinsam »man alles ertragen kann«, weil er uns immer »hilft und Kraft gibt« und »uns nie im Stich lässt« (*Leben* 22,6). Beim Beten »kommt es nicht darauf an, viel zu denken, sondern viel zu lieben« (*Innere Burg, 4. Wohnung* 1,7) und den Blick auf den zu richten, der nie aufhört, uns liebevoll anzublicken und uns geduldig zu ertragen (vgl. *Weg der Vollkommenheit* 26,3–4). Gott kann die Seelen auf vielen Wegen zu sich führen, aber das Gebet ist der »sichere Weg« (*Weg der Vollkommenheit* 21,5). Ihn zu verlassen bedeutet, sich zu verirren (vgl. *Leben* 19,6). Diese Ratschläge der Heiligen sind von bleibender Aktualität. Geht also auf dem Weg des Gebetes entschieden voran, ohne anzuhalten bis zum Ende! Das gilt insbesondere für alle Gottgeweihten. Lebt in einer Kultur des

Provisorischen die Treue des »für immer, für immer« (*Leben* 1,4)! Zeigt in einer Welt ohne Hoffnung die Fruchtbarkeit eines »verliebten Herzens« (*Gedichte* 5)! Und bezeugt in einer Welt mit so vielen Götzen, dass »Gott allein genügt« (*Gedichte* 9)!

Diesen Weg können wir nicht allein gehen, sondern nur gemeinsam. Für die heilige Reformerin führt der Weg des Gebets über den Weg der Brüderlichkeit im Schoß der Mutter Kirche. Das war ihre providenzielle, aus göttlicher Inspiration und weiblicher Intuition geborene Antwort auf die Probleme der Kirche und der Gesellschaft ihrer Zeit: kleine Frauengemeinschaften zu gründen, die das Kollegium der Apostel nachahmen und Christus folgen sollten, indem sie das Evangelium auf einfache Weise leben und die ganze Kirche mit einem Leben des Gebets stützen.

Dazu, »Schwestern«, hat er uns »hier vereint« (*Weg der Vollkommenheit* 8,1), und die Verheißung war, »dass Christus unter uns weilen würde« (*Leben* 32,11). Was für eine schöne Definition der Brüderlichkeit in der Kirche: gemeinsam mit Christus den Weg als Brüder und Schwestern gehen! Zu diesem Zweck empfiehlt uns Teresa nicht viel, sondern nur drei Dinge: einander sehr lieben, sich von allem loslösen und echte Demut, die »auch wenn sie von mir als letzte genannt wird, die Hauptttugend ist und alle umfasst« (*Weg der Vollkommenheit* 4,4). Wie sehr wünsche ich mir in unserer Zeit brüderlichere Gemeinschaften von Christen, wo man diesen Weg geht: in der Wahrheit der Demut vorangehen, die uns von uns selbst befreit, um die anderen mehr und besser zu lieben, vor allem die Ärmsten! Es gibt nichts Schöneres als dies: leben und sterben als Kinder dieser Mutter Kirche!

Gerade weil die Kirche eine Mutter ist, deren Türen immer offen stehen, ist sie stets auf dem Weg zu den Menschen, um ihnen »lebendiges Wasser« (Joh 4,10) zu bringen, das den Garten ihres durstigen Herzens tränkt. Die heilige Autorin und

Lehrmeisterin des Gebets war zugleich Gründerin und Missionarin auf den Straßen Spaniens. Ihre mystische Erfahrung trennte sie weder von der Welt noch von den Sorgen der Menschen. Im Gegenteil, es gab ihr neue Impulse und neuen Mut für das Handeln und die Pflichten eines jeden Tages, denn »der Herr weilt [auch] zwischen den Kochtöpfen« (*Klostergründungen* 5,8). Sie durchlebte die Schwierigkeiten ihrer – so komplizierten – Zeit, ohne der Versuchung zu bitteren Klagen nachzugeben. Sie nahm vielmehr diese Schwierigkeiten im Glauben an als Gelegenheit, um auf dem Weg einen Schritt weiter zu gehen. »Denn dafür, dass Gott dem, der ihm wirklich dient, große Gnaden erweist, ist immer Zeit« (*Klostergründungen* 4,5). Heute sagt uns Teresa: Bete mehr, um gut zu verstehen, was um dich herum geschieht, und so besser zu handeln.

Das Gebet besiegt den Pessimismus und bringt gute Werke hervor (vgl. *Innere Burg, 7. Wohnung* 4,6). Das ist der Teresianische Realismus, der Werke statt Gefühle, Liebe statt Träume fordert. Das ist der Realismus der demütigen Liebe gegenüber einer mühseligen Askese! Zuweilen kürzt die Heilige ihre anmutigen Briefe ab mit den Worten: »Wir sind unterwegs« (*Brief* 469,7.9) als Ausdruck der Dringlichkeit, die begonnene Aufgabe zu Ende zu führen. Wenn die Welt brennt, darf man keine Zeit mit unbedeutenden Angelegenheiten verlieren. Wenn nur alle sich von dieser heiligen Eile anstecken ließen, hinauszugehen auf die Wege unserer Zeit mit dem Evangelium in der Hand und dem Heiligen Geist im Herzen! »Es ist Zeit aufzubrechen!« (Ana de San Bartolomé, *Últimas acciones de la vida de santa Teresa*). Diese kurz vor ihrem Tod gesprochenen Worte der heiligen Teresa von Ávila sind die Zusammenfassung ihres Lebens und werden für uns, besonders für die karmelitische Familie, für ihre Mitbürger und für alle Spanier, ein wertvolles Erbe, das wir bewahren und bereichern müssen. Lieber Bruder, verbunden mit meinem herzlichen Gruß sage ich allen:

Es ist Zeit, sich aufzumachen, und auf den Wegen der Freude, des Gebets, der Brüderlichkeit und der als Gnade erlebten eigenen Zeit voranzugehen! Gehen wir die Wege des Lebens an der Hand der heiligen Teresa. Ihre Fußstapfen werden uns immer zu Jesus führen.

(*Brief an den Bischof von Ávila, 15.10.2014)*

Cura Brochero (1840–1914)

José Gabriel del Rosario Brochero wird bis heute kurz Cura Brochero, also Pfarrer Brochero genannt. Der argentinische »Gaucho-Priester«, den der erste Argentinier auf dem Stuhl des Petrus 2016 heiligsprechen konnte, ist ein Pfarrer so ganz nach dem Herzen von Franziskus: ein Seelsorger »mit dem Geruch der Schafe« (Predigt, 28.3.2013). In diesem speziellen Fall müsste man allerdings eher von einem Maultier-Geruch sprechen, denn Brochero und sein Rosinante (in Wirklichkeit hieß sein Gaul Malacara) waren unzertrennlich, fast wäre auch das Tier – ich übertreibe ein wenig – gleich mit heiliggesprochen worden.

Auf ihrem Rücken zog der Pfarrer unermüdlich durch das Gebirge, um die Bauern der Region Córdoba in ihren entlegenen, nur schwer erreichbaren Siedlungen zu besuchen und das Evangelium unter ihnen zu verbreiten. Er setzte sich auch für ihre sozialen Belange ein, für den Bau von Schulen, für den Anschluss an das Bahnnetz. Alte Fotos zeigen ihn im Sattel, einen Poncho übergeworfen, braungebrannt, einen alten Hut auf dem Kopf und – man mag's kaum glauben – eine Zigarette im Mund. Er starb nach Jahrzehnten, in denen er sich nicht geschont hatte, am Aussatz.

Papst Franziskus hat als Jesuitenpater einige Jahre in der Provinzhauptstadt Córdoba im Norden Argentiniens verbracht, nicht weit von der früheren Pfarrei Brocheros. Wenn er vom Gebirge spricht, das der Maultierpfarrer immer wieder überwinden musste, dann hat er dieses Gebirge vor Augen.

Er kannte alle Ecken seiner Pfarrei

Es ist eine Freude und ein großer Segen für die Argentinier und für die Verehrer dieses Hirten mit dem Geruch seiner Schafe, dass der Cura Brochero endlich unter den Seligen ist. Er machte sich arm unter den Armen, er setzte sich immer dafür ein, nahe an Gott und nahe an den Menschen zu sein, er war und ist für unser leidendes Volk so etwas wie eine Liebkosung Gottes.

Es tut mir gut, mir heute vorzustellen, wie Pfarrer Brochero auf seinem Maultier Malacara die langen, trockenen und unbequemen Wege seiner 200-Kilometer-Pfarrei zurücklegte, um von Haus zu Haus zu ziehen und Ihre Groß- und Urgroßeltern aufzusuchen, sie zu fragen, ob sie irgendetwas brauchten, und sie einzuladen, die Geistlichen Exerzitien des heiligen Ignatius von Loyola zu durchlaufen. Er kannte alle Ecken seiner Pfarrei. Er blieb nicht etwa in der Sakristei …

Der Cura Brochero war ein Besuch Jesu selbst bei jeder Familie. Er hatte das Bild der Jungfrau, das Gebetbuch mit dem Wort Gottes und alle Dinge dabei, die man zum täglichen Feiern der Messe braucht. Man lud ihn zu einem Mate ein und unterhielt sich mit ihm, und Brochero sprach auf eine Art und Weise mit ihnen, die alle verstanden, weil es ihm von Herzen kam, von seinem Glauben und von der Liebe, die er zu Jesus hatte.

José Gabriel Brochero konzentrierte seine Seelsorge auf das Gebet. Sobald er seine Pfarrei übernahm, begann er damit, Männer und Frauen nach Córdoba zu bringen, damit sie dort bei den Jesuitenpatres die Geistlichen Exerzitien machten. Unter wieviel Entbehrungen durchquerten sie dafür die Sierras Grandes, schneebedeckt im Winter, um in der Provinzhauptstadt Córdoba zu beten! Und wieviel Arbeit war es später, im

Pfarrhaus das Heilige Haus der Exerzitien einzurichten! Dort wurde ausgiebig vor dem Kruzifix gebetet, um die so große Liebe des Herzens Jesu kennenzulernen, zu fühlen und zu kosten, und alles gipfelte dann mit dem Erbarmen Gottes in der Beichte, mit einem Priester, der voller Liebe und Barmherzigkeit war. Sehr, sehr viel Barmherzigkeit!

Dieser apostolische Mut Brocheros, voll des missionarischen Eifers, diese Kühnheit seines wie Jesus mitfühlenden Herzens, die ihn sagen ließ »Wehe, wenn mir der Teufel eine Seele raubt!«, bewegte ihn dazu, für Gott auch Menschen mit schlechtem Lebenswandel und schwierige Bauern zu gewinnen. Die Männer und Frauen, die dank der seelsorglichen Arbeit Brocheros vom Laster und Streitereien abließen, waren Hunderte. Alle erhielten während der Geistlichen Exerzitien die Sakramente und damit die Kraft und das Licht des Glaubens, um gute Kinder Gottes zu sein, gute Geschwister, gute Väter und Mütter …

Bei einer Seligsprechung ist die pastorale Aktualität sehr wichtig. Der Cura Brochero bezeugt die Aktualität des Evangeliums, er ist ein Pionier im Hinausgehen an die geographischen und existenziellen Grenzen, um allen die Liebe, die Barmherzigkeit Gottes zu bringen. Er blieb nicht im Pfarrbüro sitzen, er rieb sich auf seinem Maultier auf und endete schließlich als Leprakranker, weil er immer hinausgegangen war, um die Menschen aufzusuchen, wie ein Straßenpriester des Glaubens. Das ist das, was Jesus heute will: missionarische Straßenjünger des Glaubens!

Brochero war ein normaler, schwacher Mensch wie jeder von uns, aber er kannte die Liebe Jesu und ließ sich von der Barmherzigkeit Gottes das Herz durchdringen … Brochero hörte den Ruf Gott und entschied sich für das Opfer, für Sein Reich zu arbeiten, für das Gemeinwohl, wie das die große Würde jedes Menschen als Kind Gottes verdient, und er war treu bis zum Ende: Sogar als er schon blind und aussätzig war, betete er weiterhin und feierte die Messe.

Lassen wir den Cura Brochero heute, mit seinem Maultier und allem, in das Haus unseres Herzens hineinkommen, damit er uns zum Gebet, zur Begegnung mit Jesu einlade …

(Brief an den Erzbischof von Santa Fé zur Seligsprechung Brocheros, 14.9.2013; eigene Übersetzung aus dem Spanischen)

Blind, doch voller Freude

Gestern wurde in Argentinien José Gabriel Brochero seliggesprochen, Priester des Bistums Córdoba, geboren 1840 und verstorben 1914. Gedrängt von der Liebe zu Christus widmete er sich ganz seiner Herde, um alle in das Reich Gottes zu bringen, mit unendlicher Barmherzigkeit und Eifer für die Seelen. Er war unter den Menschen und versuchte, viele zu den geistlichen Übungen zu führen. Er legte viele, viele Kilometer zurück und ritt dabei durch die Berge auf seinem Maultier, das »Facciabrutta« (»hässliches Gesicht«) hieß, weil es nicht schön war. Er war auch bei Regen unterwegs, er war mutig! … Am Ende war dieser Selige blind und an Aussatz erkrankt, doch voller Freude, der Freude des Guten Hirten, der Freude des barmherzigen Hirten! …

Bitten wir Christus durch die Fürsprache des neuen Seligen, dass sich die Priester mehren, die den Pfarrer Brochero nachahmen und ihr Leben im Dienst für die Evangelisierung einsetzen, sowohl auf Knien vor dem Kreuz als auch überall durch das Zeugnis für die Liebe und die Barmherzigkeit Gottes.

(Angelus, 15.9.2013)

Theresia von Lisieux (1873–1897) … und ihre Eltern

Wer sich mit der heiligen Theresia vom Kinde Jesus beschäftigt, taucht ein in die fremde, fromme Welt der französischen Provinz des 19. Jahrhunderts. Während man sich in Paris weltmännisch-aufgeklärt gibt, ist in der »France profonde« (noch) ein tiefer Glaube lebendig. Theresia wird in eine sehr gläubige, kinderreiche Familie hineingeboren, sie will – wie zwei ihrer Schwestern – so schnell wie möglich in den Karmel eintreten, sogar den Papst spricht sie bei einer Romwallfahrt darauf an, doch der wehrt ab, schließlich ist sie gerade mal vierzehn Jahre alt.

Mit fünfzehn allerdings hat sie es dann doch hinter die Gitter des Konvents geschafft; den »kleinen Weg« will sie gehen, Gott intensiv lieben in der Einfachheit und Banalität des Alltags. Der Alltag selbst ist das Martyrium, das es freudig anzugehen gilt – je einfacher und konkreter, desto besser. Mit 24 Jahren stirbt sie an der Tuberkulose. Die kindliche, fröhliche, aber dabei auch leidgeprüfte Sprache ihrer »Geschichte einer Seele«, die erst nach ihrem Tod zur Veröffentlichung kommt, berührt auch heute noch die Herzen der Leser. Johannes Paul II. erhob sie 1997 zur Kirchenlehrerin.

Franziskus hat eine ganz spezielle Beziehung zur »Kleinen Theresia«. Als er Erzbischof von Buenos Aires war, entdeckten Gesprächspartner in einem Regal seiner Bibliothek ein Bild von ihr und eine Schale weißer Rosen. »Wenn ich ein Problem habe, bitte ich diese Heilige nicht, dass sie es lösen soll«, sagte ihnen Bergoglio daraufhin, »sondern dass sie es in ihre Hände nehmen und mir helfen möge, es anzunehmen. Und als Zeichen erhalte ich fast immer eine weiße Rose.« (In: Mein Leben – mein Weg, *Freiburg 2013, S. 141) Das erinnert an den berühmten Ausspruch der kleinen Heiligen, wenn sie einmal tot sei, wolle sie Rosen auf die Erde regnen lassen.*

Bei einer Bischofssynode zur Neujustierung der kirchlichen Ehe- und Familienpastoral hat Franziskus auch die Eltern Theresias, Louis Martin (1823–1894) und Marie-Azélie Guérin (1831–1877), heiliggesprochen. Eine Premiere in mehrfacher Hinsicht: Zum Beispiel waren alle Ehepaare, die bis dahin als Heilige anerkannt wurden, als Märtyrer gestorben – das war bei Theresias Eltern nicht der Fall. Franziskus strich bei der Kanonisierung das Klima der Heiligkeit in der Familie Martin heraus; tatsächlich sind alle fünf Kinder des Paares, die das Erwachsenenalter erreichten, Ordensfrauen geworden.

Der Sieg der Liebe

Mit den Heiligen, die ihre Fülle in Gott gefunden haben, bilden wir einen Teil jenes Miteinanders, in dem die Gleichgültigkeit durch die Liebe überwunden ist. Die Kirche des Himmels ist nicht triumphierend, weil sie sich von den Leiden der Welt abgewandt hat und sich ungestört der Freude hingibt. Vielmehr können die Heiligen schon sehen und sich darüber freuen, dass sie mit dem Tod und der Auferstehung Jesu die Gleichgültigkeit, die Hartherzigkeit und den Hass ein für alle Mal überwunden haben. Solange dieser Sieg der Liebe nicht die ganze Welt durchdrungen hat, sind die Heiligen noch mit uns als Pilger unterwegs. In der Überzeugung, dass die Freude im Himmel über den Sieg der gekreuzigten Liebe nicht vollkommen ist, solange auch nur ein Mensch auf der Erde leidet und stöhnt, schrieb die heilige Kirchenlehrerin Terese von Lisieux: »Ich rechne bestimmt damit, im Himmel nicht untätig zu bleiben. Mein Wunsch ist, weiter für die Kirche und die Seelen zu arbeiten« (Brief Nr. 254 vom 14. Juli 1897).

Auch wir haben Anteil an den Verdiensten und der Freude der Heiligen, und diese nehmen teil an unserem Ringen und an unserer Sehnsucht nach Frieden und Versöhnung. Ihre Freude über den Sieg des auferstandenen Christus gibt uns die Kraft, die vielen Formen der Gleichgültigkeit und der Hartherzigkeit zu überwinden.

(Botschaft zur Fastenzeit, 4.10.2014)

Der Kampf der sterbenden Heiligen

Der Papst zitierte das Beispiel der heiligen Thérèse von Lisieux, die »in den letzten Monaten ihres Lebens versuchte, an den Himmel zu denken« und »in sich etwas wie eine Stimme hörte, die sagte: Sei doch nicht dumm, gib dich keinen Phantasien hin. Weißt du, was dich erwartet? Das Nichts!«

Im Übrigen »durchleben wir diese Situation oft. Und viele Menschen denken, sie würden im Nichts enden.« Aber die heilige Thérèse habe sich gegen diese Fallstricke gewehrt: Sie »betete und bat um die Kraft weiterzugehen, in der Finsternis …« Eine Tugend, die mit dem Gebet gepflegt werden muss, denn, so mahnte der Bischof von Rom, »unser Leben ist allzu einfach, unsere Klagen sind theatralisch«, wenn wir sie »mit den Klagen vieler Menschen, vieler Brüder und Schwestern« verglichen, »die in der Finsternis sind, die fast die Erinnerung, fast die Hoffnung verloren haben, die im Exil leben, auch im Exil ihrer selbst.«

(Vatikanbericht über eine Frühmesse des Papstes, 30.9.2014)

Ein Klima für Berufungen

Jeder von uns hat als Getaufter persönlich Anteil am Priestertum Christi; die gläubigen Laien am allgemeinen Priestertum und die Priester am Amtspriestertum. Daher können wir alle die Liebe empfangen, die aus seinem geöffneten Herzen hervorströmt – sowohl für uns selbst, als auch für die anderen –, und zu »Kanälen« seiner Liebe, seines Mitleids werden, besonders gegenüber denen, die sich in Situationen des Schmerzes, der Angst, der Entmutigung und der Einsamkeit befinden.

Diejenigen, die heute heiliggesprochen wurden, haben in außergewöhnlicher Demut und Liebe unentwegt ihren Mitmenschen gedient und so ihren göttlichen Meister nachgeahmt ... Die heiligen Eheleute Louis Martin und Marie-Azélie Guérin haben den christlichen Dienst in der Familie gelebt, indem sie Tag für Tag eine Umgebung voller Glauben und Liebe aufbauten; und in diesem Klima sind die Berufungen ihrer Töchter aufgekeimt, darunter auch die der heiligen Thérèse vom Kinde Jesu.

Das leuchtende Zeugnis dieser neuen Heiligen spornt uns an, auf dem Weg des frohen Dienstes an den Mitmenschen beharrlich voranzuschreiten, im Vertrauen auf die Hilfe Gottes und den mütterlichen Schutz Marias. Mögen sie nun vom Himmel aus über uns wachen und uns mit ihrer machtvollen Fürsprache unterstützen.

(Predigt, 18.10.2015)

Sie ist treu geblieben: Eine Ansprache Johannes Pauls II. zum hundertsten Geburtstag der heiligen Theresia von Lisieux

Diese junge Karmelitin war ganz von der Liebe Gottes ergriffen. Sie lebte auf radikale Weise die Hingabe ihrer selbst als Antwort auf die Liebe Gottes. In der Einfachheit des täglichen Lebens verstand sie es, in gleicher Weise geschwisterliche Liebe zu üben. In der Nachfolge Jesu setzte sie sich gerne »an den Tisch der Sünder«, ihrer »Brüder und Schwestern«, damit sie durch die Liebe rein gemacht würden, denn sie war von dem brennenden Wunsch beseelt, alle Menschen »von der hellen Flamme des Glaubens« erleuchtet zu sehen (vgl. *Ms C*, 6r).

Therese hat körperliches Leiden und Prüfung im Glauben gekannt. Doch sie ist treu geblieben, denn in ihrer großen geistlichen Einsicht wusste sie, dass Gott gerecht und barmherzig ist; sie verstand, dass die Liebe mehr etwas von Gott Empfangenes als etwas vom Menschen Gegebenes ist. Bis zum Ende der

Nacht setzte sie ihre Hoffnung auf Jesus, den leidenden Knecht, der sein Leben für die Vielen preisgab (vgl. Jes 53,12).

Das Buch der Evangelien verließ Therese nie (vgl. *Brief* 193). Sie durchdringt seine Botschaft mit einer außergewöhnlichen Sicherheit des Urteils. Sie verstand, dass im Leben Gottes, Vater, Sohn und Geist, »Liebe und Wahrheit einander begegnen« (vgl. Ps 85/84,11). In wenigen Jahren legt sie eine »Riesenstrecke« zurück (vgl. *Ms A*, 44 v). Sie entdeckt, dass ihre Berufung darin besteht, im Herzen der Kirche die Liebe selbst zu sein. Demütig und arm, geht Therese den »kleinen Weg« der Kinder, die sich mit »mutigem Vertrauen« in die Hand des Vaters geben. Als Mitte ihrer Botschaft sei ihre geistliche Haltung allen Gläubigen ans Herz gelegt.

Die Lehre von Therese, eine wahre Wissenschaft von der Liebe, ist der leuchtende Ausdruck ihrer Erkenntnis des Geheimnisses Christi und ihrer persönlichen Erfahrung der Gnade; sie hilft den Männern und Frauen von heute, Gottes Gaben besser wahrzunehmen und die gute Nachricht von seiner grenzenlosen Liebe zu verbreiten.

(Johannes Paul II., Angelusgebet beim Weltjugendtag in Paris, 24.8.1997)

Peter Faber SJ (1506–1546) und José de Anchieta SJ (1534–1591)

Der Jesuit Franziskus bewunderte immer schon die ersten Gefährten seines Ordensgründers Ignatius und die ersten Jesuitenmissionare – auch die, die es nie zu einer offiziellen Heiligsprechung durch Rom gebracht hatten. Kaum war er 2013 Papst geworden, nahm er zwei dieser Pionier-Jesuiten, nämlich Peter Faber und José de Anchieta, mit einem Federstrich in die Heiligenliste auf. Sein »Trick« war die sogenannte »äquipollente« Heiligsprechung, die sein Vorgänger Benedikt im Fall der heiligen Hildegard von Bingen (siehe unseren Artikel über die rheinische Mystikerin weiter oben) aus dem vatikanischen Werkzeugkasten hervorgezogen hatte, nachdem sie Jahrhunderte lang darin geschlummert hatte.

Er habe »entschieden, im Fall von Menschen, die große Verkünder bzw. Verkünderinnen des Evangeliums waren, ebenso zu verfahren«, ließ Franziskus (auf dem Flug nach Sri Lanka, 15.1.2015) wissen. Peter Faber sei »ein Glaubensbote für Europa« gewesen (»Er starb sozusagen unterwegs, während er verkündend umherreiste, im Alter von vierzig Jahren«), und José de Anchieta könne man ja als »Gründer von São Paulo« ansehen. »Sie sind Gestalten, die eine kraftvolle Evangelisierung verwirklicht haben … Und darum habe ich sie ausgewählt. Das war es.« (Ebd.)

Der französische Bauernsohn Peter Faber war im 16. Jahrhundert der allererste Anhänger des Ignatius und der erste Priester in der achtköpfigen Mini-Gruppe, aus der einmal der größte Männerorden der katholischen Kirche werden sollte. Er glaubte nicht, dass man die Spaltung der Christenheit noch mit Gewalt verhindern könnte oder gar sollte, sondern trat stattdessen für eine tiefe innere Erneuerung der katholischen Kirche ein. Der begnadete Prediger gründete die erste Jesuiten-Niederlassung in Deutschland. Franziskus rühmt an ihm, dass er immer den »Dialog mit allen, auch mit Fernstehenderen und Gegnern«, gesucht hat – selbst wenn er dabei »vielleicht eine gewisse Naivität« an den Tag gelegt habe (Interview mit Jesuitenzeitschriften, veröffentlicht am 19.9.2013).

José de Anchieta gehörte nicht zur allerersten, sondern zur zweiten Jesuiten-Generation: Der Spanier von der Insel Teneriffa trat 1551 in den Orden ein und missionierte ausdauernd und einfallsreich unter Indianern in Brasilien. »Barfuß, mit Kreuz und Rosenkranz um den Hals«, sei José in den Dschungel eingedrungen und habe »Ströme durchschwommen«, um das Evangelium zu den eingeborenen Völkern zu bringen, heißt es in einem Buch über die Geschichte Brasiliens. Die Bilder erinnern an den Spielfilm »The Mission«, der 1987 den Oscar erhalten hat.

Ein unruhiger Geist

Gott ist der *Deus semper maior*, der Gott, der uns immer überrascht. Und wenn der Gott der Überraschungen nicht im Mittelpunkt steht, dann verliert die Gesellschaft die Orientierung. Deshalb heißt Jesuit zu sein, ein Mensch zu sein mit einem unvollendeten Denken, einem offenen Denken: Denn er denkt stets mit dem Blick auf den Horizont des immer größeren Ruhmes Gottes, der uns unaufhörlich überrascht. Und das ist die Ruhelosigkeit unserer Leere. Diese heilige und schöne Ruhelosigkeit! … Man muss Gott suchen, um ihn zu finden, und ihn finden, um ihn nochmals und immer zu suchen. Nur diese Ruhelosigkeit schenkt dem Herzen eines Jesuiten Frieden …

Und diese Ruhelosigkeit hatte Peter Faber, ein Mann des großen Verlangens, ein neuer Daniel. Faber war »ein bescheidener, einfühlsamer Mann mit einem tiefen Innenleben, [und er] besaß die Gabe, freundschaftliche Beziehungen zu Menschen jeder Art zu knüpfen« (*Benedikt XVI., Ansprache an die Jesuiten, 22. April 2006*). Dennoch war er auch ein unruhiger Geist, unentschlossen, nie zufrieden. Unter der Führung des heiligen Ignatius lernte er, seine unruhige, aber auch sanfte, ich würde sagen erlesene Sensibilität mit der Fähigkeit zu verbinden, Entscheidungen zu treffen. Er war ein Mann des großen Verlangens; er hat seine Sehnsucht angenommen, er hat sie anerkannt. Für Faber ist es sogar so, dass sich dann, wenn schwierige Dinge vorliegen, der wahre Geist zeigt, der zum Handeln bewegt (vgl. *Memoriale*, 301). Ein authentischer Glaube schließt immer den tiefen Wunsch ein, die Welt zu verändern. Das ist die Frage, die wir uns stellen müssen: Haben auch wir große Visionen und Elan? Sind auch wir mutig? Haben wir hochfliegende Träume? Verzehrt uns der Eifer (vgl. Ps 69,10)? Oder sind wir mittelmäßig und geben uns mit unserem »im Labor geplanten« Apostolat zufrieden? Denken wir immer daran: Die Kraft der Kirche liegt nicht in ihr selbst und in ihrer organisatorischen Fähigkeit, sondern sie verbirgt sich in den tiefen Wassern Gottes. Und diese Wasser bewegen unser Verlangen, und das Verlangen macht das Herz weit. Das ist es, was Augustinus sagt: beten, um zu ersehenen, und ersehenen, um das Herz weit zu machen. Gerade in der Sehnsucht konnte Faber die Stimme Gottes erkennen. Ohne Sehnsucht bewegt man sich nicht vorwärts und deshalb muss man die eigenen Sehnsüchte dem Herrn darbringen. In den Satzungen wird gesagt, dass »man dem Nächsten hilft mit dem vor Gott, unseren Herrn getragenen Verlangen« (*Satzungen*, 638).

Faber hatte den aufrichtigen und tiefen Wunsch »in Gott weit gemacht zu werden«: Er war vollkommen auf Gott ausgerichtet, und deshalb konnte er im Geist des Gehorsams, häufig auch zu Fuß, überall in Europa hingehen, um mit allen sanftmütig einen Dialog zu führen und das Evangelium zu verkünden. Mir kommt die Versuchung in den Sinn, die wir vielleicht haben könnten und die viele haben, nämlich die Verkündigung des Evangeliums mit inquisitorischen, verurteilenden Stockhieben in Verbindung zu bringen. Nein, das Evangelium muss mit Sanftmut, mit Brüderlichkeit, mit Liebe verkündet werden. Seine Vertrautheit mit Gott führte ihn dazu, zu verstehen, dass die innere Erfahrung und das Leben des Apostolats stets miteinander einhergehen. Er schreibt in seinem Memoriale, dass die erste Regung des Herzens die sein muss, »das zu wünschen, was wesentlich und ursprünglich ist, das heißt, dass der erste Platz dem vollkommenen eifrigen Bemühen eingeräumt wird, Gott, unseren Herrn, zu finden« (*Memoriale*, 63). Faber verspürt den Wunsch, »Christus den Mittelpunkt des Herzens bilden zu lassen« (*Memoriale*, 68). Nur wenn man in Gott seinen Mittelpunkt hat, ist es möglich, auf die Randgebiete der Welt zuzugehen! Und Faber ist unaufhörlich auch an die geographischen Grenzen gereist, so dass man über ihn sagte: »Anscheinend ist er dazu geboren worden, niemals irgendwo still zu stehen« *(MI, Epistolae* I,362*)*. Faber war verzehrt von dem dringenden Wunsch, den Herrn zu verkünden. Wenn wir nicht dieselbe Sehnsucht haben wie er, dann müssen wir im Gebet innehalten und mit stiller Inbrunst den Herrn auf die Fürsprache unseres Bruders Peter bitten, dass er uns wieder fasziniert: diese Faszination des Herrn, die Peter zu all diesen »Verrücktheiten« des Apostolats führte.

Wir sind Menschen in Spannung, wir sind auch widersprüchliche und inkonsequente Menschen, Sünder, alle. Aber Menschen, die unter dem Blick Jesu ihren Weg gehen wollen. Wir sind klein, wir sind Sünder, aber wir wollen unter dem Banner des Kreuzes in der mit dem Namen Jesu ausgezeichneten Gesellschaft dienen. Wir, die wir Egoisten sind, wollen dennoch ein von großer Sehnsucht bewegtes Leben führen. Erneuern wir also unsere Hingabe an den ewigen Herrn des Universums, damit wir mit der Hilfe seiner ruhmreichen Mutter die Gesinnung Christi, der sich selbst entäußert hat, wollen, ersehnen und leben können. So schrieb der heilige Peter Faber: »Wir wollen in diesem Leben niemals einen Namen suchen, der nicht an den Namen Jesu gebunden ist« (Memoriale, 205). Und bitten wir die Gottesmutter, dass wir mit ihrem Sohn zusammen sind.

(Dankmesse für die Heiligsprechung von Peter Faber, 3.1.2014)

Aus Freude eine Nation begründet

Die Freude der Begegnung mit Jesus Christus – jene, die anzunehmen uns so viel Angst macht – ist ansteckend und verkündet laut: Und dort wächst die Kirche! … Auch der heilige José de Anchieta war in der Lage weiterzugeben, was er mit dem Herrn erlebt hatte, was er von ihm gesehen und gehört hatte, was der Herr ihm bei seinen Exerzitien mitgeteilt hatte. Zusammen mit

Nobrega ist er der erste Jesuit, den Ignatius nach Amerika sendet. Ein junger Mann von 19 Jahren … Die Freude, die er hatte, war sehr groß. Die Freude war so groß, dass er eine Nation begründet hat: Er legte die kulturellen Grundlagen einer Nation, in Jesus Christus.

Er hatte nicht Theologie studiert, er hatte nicht Philosophie studiert, er war ein Junge! Aber er hatte den Blick Jesu Christi gespürt, und er ließ sich von Freude erfüllen, und er wählte das Licht. Das war und ist seine Heiligkeit. Er hat keine Angst vor der Freude gehabt. Beim heiligen José de Anchieta gibt es einen sehr schönen Hymnus an die Jungfrau Maria. Inspiriert vom Lied bei Jesaja 52 vergleicht er sie mit dem Boten, der Frieden ankündigt, der die Freude der frohen Botschaft verkündet. Sie – die in der Morgendämmerung des ersten Tags der Woche, schlaflos durch die Hoffnung, keine Angst hatte vor der Freude – möge uns auf unserem Pilgerweg begleiten, da sie alle einlädt, aufzustehen, die Lähmung hinter uns zu lassen, um gemeinsam in den Frieden und die Freude einzutreten, die Jesus, der auferstandene Herr, uns verheißt.

(Dankgottesdienst für die Heiligsprechung von José de Anchieta, 24.4.2014)

38 Märtyrer in Albanien – und zwei lebende Märtyrer

In der zweiten Hälfte des 20. Jahrhunderts herrschte in Albanien mehrere Jahrzehnte lang ein gnadenloses kommunistisches Regime. Es erklärte Albanien zum »ersten atheistischen Staat der Welt« und setzte alles, was nach Religion aussah, einer brutalen Verfolgung aus. Dutzende von Christen und Muslimen fielen ihr vom Ende des Zweiten Weltkriegs bis in die siebziger Jahre hinein zum Opfer – unter ihnen 38 Katholiken, auch zwei Steyler

Missionare aus Deutschland. Viele der Verfolgten nahmen ein bestialisches Ende – eine Lehrerin etwa, die im Unterricht von Christus gesprochen hatte, wurde zusammen mit einer Katze in einen Sack gesteckt, und mit Stockschlägen wurde das Tier dann so gereizt, dass es die Frau zerkratzte. Sie starb an ihren Verletzungen.

Franziskus reiste 2014 nach Albanien; bei der Vorbereitung auf diese Reise las er viel über die Jahrzehnte der Gottlosigkeit im Land der Skipetaren. »Es war für mich eine Überraschung«, sagte er in Tirana freimütig, »ich wusste nicht, dass euer Volk so sehr gelitten hat« (Predigt bei der Vesper, 21.9.2014). Ein alter Priester namens Ernest Simoni erzählte in einer Ansprache an den Papst von Folter und etwa zwei Jahrzehnten Zwangsarbeit in einer Mine; er habe keine Messe feiern dürfen, sogar Beten sei verboten gewesen. »Ich habe mich nie beschwert, sondern immer Hoffnung in Jesu Worte gesetzt: Ich werde bei euch sein, bis zum Ende. Ich betete den Rosenkranz, und die anderen nicht-katholischen Gefangen wunderten sich manchmal, dachten wohl, ich sei verrückt geworden und würde mit mir selber sprechen.« Nach seiner Freilassung musste der »Volksfeind« Simoni in den Kloaken von Shkodra arbeiten.

Franziskus war spürbar aufgewühlt durch dieses Zeugnis und auch durch die Ansprache einer Ordensfrau, die Ähnliches durchgemacht hatte; es war einer der emotionalsten Momente in seinem Pontifikat. Für ihn waren Simoni und die Ordensfrau lebende Märtyrer. Zwei Jahre später erhob er den inzwischen 88-jährigen Priester zum Kardinal.

Die 38 Märtyrer der Religionsverfolgung in Albanien wurden im Oktober 2016 in Franziskus' Auftrag seliggesprochen – vor der Kathedrale von Shkodra, die in den düsteren Jahren als Turnhalle zweckentfremdet worden war. Mit dieser Seligsprechung verdoppelte sich auf einen Schlag die Zahl jener osteuropäischen Katholiken, die als Märtyrer in den Jahren des Kommunismus starben und von den Päpsten nach 1990 in den Seligen-Status erhoben wurden.

An der Friedhofsmauer von Shkodra

Wenn wir an jene Jahrzehnte entsetzlicher Leiden und härtester Verfolgungen gegen Katholiken, Orthodoxe und Muslime zurückdenken, können wir sagen, dass Albanien ein Land der Märtyrer gewesen ist: Viele Bischöfe, Priester, Ordensleute, gläubige Laien und Kultdiener anderer Religionen haben ihre Treue mit dem Leben bezahlt. Es hat nicht an Beweisen großen Mutes und klarer Konsequenz beim Bekennen des Glaubens gefehlt. Wie viele Christen haben sich den Drohungen nicht gebeugt, sondern haben den eingeschlagenen Weg ohne Zögern fortgesetzt! Im Geiste versetzte ich mich an jene Friedhofsmauer von Scutari (Shkodra) – ein Ort, der zum Symbol des Martyriums der Katholiken geworden ist –, wo die Erschießungen vorgenommen wurden, und innerlich erschüttert lege ich die Blumen des Gebetes und des dankbaren und unvergänglichen Gedenkens nieder. Der Herr stand euch zur Seite, liebe Brüder und Schwestern, um euch zu unterstützen; er hat euch geführt und getröstet, und schließlich hat er euch auf Adlerflügeln emporgehoben, wie er es einst mit dem alten Volk Israel getan hatte …

Kirche, die du in diesem Land Albanien lebst, hab' Dank für dein Beispiel an Treue zum Evangelium! … Viele Söhne und Töchter Albaniens haben gelitten, sogar bis zum Opfer des eigenen Lebens. Möge ihr Zeugnis euren Schritten heute und morgen Halt geben auf dem Weg der Liebe, auf dem Weg der Freiheit, auf dem Weg der Gerechtigkeit und vor allem auf dem Weg des Friedens. So sei es!

(Predigt in Tirana/Albanien, 21.9.2014)

Eine erschöpfte Menschheit

Albanien hat auf traurige Weise erleben müssen, welche Gewalttaten und welche Tragödien die erzwungene Ausschließung Gottes aus dem persönlichen und dem gemeinschaftlichen Leben verursachen kann. Wenn man im Namen einer Ideologie Gott aus der Gesellschaft ausstoßen will, betet man schließlich Götzen an, und sehr bald verliert der Mensch sich selber, wird seine Würde mit Füßen getreten und werden seine Rechte verletzt. Ihr wisst genau, zu welchen Brutalitäten der Entzug der Gewissens- und der Religionsfreiheit führen kann und wie aus dieser Wunde eine von Grund auf erschöpfte Menschheit hervorgeht, weil sie keine Hoffnung und keine geistigen Anhaltspunkte hat.

(Begegnung mit Religionsführern in Tirana/Albanien, 21.9.2014)

Heute sind wir mit Märtyrern in Berührung gekommen

Ich habe ein paar Worte für euch vorbereitet, die ich euch sagen wollte, und ich werde sie dem Erzbischof geben, damit er euch den Text zukommen lassen kann. Die Übersetzung ist schon fertig; man kann ihn also weitergeben.

Jetzt aber ist mir etwas anderes in den Sinn gekommen, was ich euch sagen möchte … In der Lesung haben wir gehört: »Gepriesen sei der Gott und Vater Jesu Christi, unseres Herrn, der Vater des Erbarmens und der Gott allen Trostes. Er tröstet uns in all unserer Not, damit auch wir die Kraft haben, alle zu trösten, die in Not sind, durch den Trost, mit dem auch wir von Gott getröstet werden« (2 Kor 1,3–4). Es ist der Text, über den die Kirche uns heute in der Vesper nachdenken lässt. In diesen beiden Monaten habe ich mich auf diesen Besuch vorbereitet, indem ich die Geschichte der Verfolgung in Albanien gelesen habe. Es war für mich eine Überraschung: Ich wusste nicht, dass euer Volk so sehr gelitten hat! Dann heute, auf der Straße vom

Flughafen bis zum Platz alle diese Fotografien der Märtyrer: Man sieht, dass dieses Volk noch eine Erinnerung an seine Märtyrer hat, an jene, die so sehr gelitten haben! Ein Volk der Märtyrer …

Und heute, zu Beginn dieser Feier, bin ich mit zweien von ihnen in Berührung gekommen. Was ich euch sagen kann, ist das, was sie mit ihrem Leben, mit ihren einfachen Worten gesagt haben … Sie erzählten die Dinge mit einer Einfachheit … die aber so schmerzlich ist! Und wir können sie fragen: »Aber wir habt ihr es fertig gebracht, so viel Drangsal zu überleben?« Und sie werden uns das sagen, was wir in diesem Abschnitt aus dem Zweiten Korintherbrief gehört haben: »Gott ist ein barmherziger Vater und ein Gott allen Trostes. Er war es, der uns getröstet hat!« Sie haben es uns in dieser Einfachheit gesagt. Sie haben zu viel gelitten. Sie haben körperlich und seelisch gelitten … und auch diese Angst der Unsicherheit, ob sie erschossen werden würden oder nicht, und so lebten sie, mit dieser Angst. Und der Herr tröstete sie …

Ich denke an Petrus im Gefängnis, mit Ketten gefesselt; die ganze Kirche betete für ihn. Und der Herr tröstete Petrus. Und die Märtyrer, auch diese beiden, die wir heute gehört haben: Der Herr tröstete sie, weil es da Leute in der Kirche gab – das Volk Gottes, die heiligen, guten alten Frauen, viele Klausurschwestern … –, die für sie beteten. Und das ist das Geheimnis der Kirche: wenn die Kirche den Herrn bittet, sein Volk zu trösten. Und der Herr tröstet auf demütige, auch verborgene Weise. Er tröstet in der Tiefe des Herzens, und er tröstet kraftvoll.

Sie rühmen sich nicht dessen, was sie erlebt haben, des bin ich sicher, denn sie wissen, dass es der Herr war, der sie vorangebracht hat. Aber sie haben uns etwas zu sagen! Sie sagen uns, dass für uns, die wir vom Herrn gerufen wurden, ihm aus der Nähe nachzufolgen, der einzige Trost von ihm kommt. Weh uns, wenn wir einen anderen Trost suchen! Weh den Priestern, den Ordensleuten, den Schwestern, den Novizen, den Gottgeweihten, wenn sie fern vom Herrn Trost suchen! Ich will euch heute nicht »prügeln«, ich will hier nicht der »Schinder« sein. Aber merkt euch gut: Wenn ihr Trost anderswo sucht, werdet ihr nicht glücklich sein! Mehr noch: Dann kannst du niemanden trösten, weil dein Herz nicht für den Trost des Herrn geöffnet wurde. Und am Ende wirst du, wie der große Elias zum Volk Israel sagte, »nach zwei Seiten schwanken« (vgl. 1 Kön 18,21).

»Gepriesen sei der Gott und Vater Jesu Christi, unseres Herrn, der Vater des Erbarmens und der Gott allen Trostes. Er tröstet uns in all unserer Not, damit auch wir die Kraft haben, alle zu trösten, die in Not sind, durch den Trost, mit dem auch wir von Gott getröstet werden.« Das ist es, was diese beiden heute getan haben. Demütig, ohne Anmaßung, ohne sich zu rühmen, haben sie uns einen Dienst geleistet: uns zu trösten. Sie sagen uns auch: »Wir sind Sünder, aber der Herr war mit uns. Das ist der Weg. Verliert nicht den Mut!«

Entschuldigt, wenn ich euch heute als Vorbild gebrauche, aber wir alle müssen vorbildlich sein, einer für den anderen. Gehen wir nach Hause und denken wir daran: Heute sind wir mit den Märtyrern in Berührung gekommen.

(Predigt bei der Vesper in Tirana/Albanien, 21.9.2014)

Alle drei Religionsgruppen legten Zeugnis ab für Gott

Seit zwei Monaten habe ich diese schwierige Epoche Albaniens ein wenig studiert, um sie zu verstehen; ich habe mich auch etwas mit dem Ursprung beschäftigt. Ihr habt wunderschöne und starke kulturelle Wurzeln, von Anfang an eine große Kultur. Ich habe jene Epoche studiert; es war eine grausame Zeit: Das Ausmaß der Grausamkeit war schrecklich. Als ich diese Fotos sah – aber nicht nur die Katholiken, auch Orthodoxe, auch Muslime –, dachte ich an die Worte, die man ihnen sagte: »Aber du darfst nicht an Gott glauben«, und dass man sie einfach erschoss, wenn sie sagten: »Ich glaube!« Darum sage ich, dass alle drei Religionsgruppen Zeugnis für Gott abgelegt haben, und jetzt geben sie ein Zeugnis der Brüderlichkeit ...

Einen Märtyrer vom eigenen Martyrium sprechen hören, das ist umwerfend! Ich glaube, dass wir alle dort tief bewegt waren – alle. Und diese Zeugen sprachen, als redeten sie über einen anderen, ganz natürlich, mit einer Demut ... Mir hat das gut getan!

(Auf dem Flug von Albanien nach Rom, 21.9.2014)

Oma Bergoglio, oder: Die Mittelklasse-Heiligen des Alltags

Es mag den einen oder anderen überraschen, doch die Eltern und eine Großmutter von Papst Franziskus waren Heilige. Das wussten Sie noch nicht? Wie denn auch – sie stehen ja in keinem Heiligenkalender verzeichnet. Es ist einfach so, dass der Papst fest davon überzeugt ist, dass sie Heilige waren. »Ich sehe die Heiligkeit im Volk Gottes, seine tägliche Heiligkeit. Es gibt eine ›Mittelklasse der Heiligkeit‹, an der wir alle teilhaben können« (Interview mit Jesuitenzeitschriften, veröffentlicht am 19.9.2013), erklärt Franziskus; und zu dieser Mittelklasse – der Ausdruck stammt von einem französischen Schriftsteller des letzten Jahrhunderts – hätten nun mal auch seine Eltern und seine Großmutter gehört. »In meinem Brevier habe ich das Testament meiner Großmutter Rosa. Ich lese es oft: Es ist für mich wie ein Gebet. Sie ist eine Heilige, die so viel gelitten hat ...«

Ein origineller, sehr persönlicher Zugang zur Heiligkeit. Da wird gleich klar, dass das nichts Exklusives, nur einigen wenigen Vorbehaltenes ist, sondern etwas, wozu wir alle Zugang haben. Da ist es nur konsequent, dass der argentinische Papst noch viele weitere Heilige kennt. »Ich sehe die Heiligkeit im geduldigen Volk

Gottes: eine Frau, die ihre Kinder großzieht, ein Mann, der arbeitet, um Brot nach Hause zu bringen, die Kranken, die alten Priester, die so viele Verletzungen haben, aber auch ein Lächeln, weil sie dem Herrn gedient haben, die Schwestern, die so viel arbeiten und eine verborgene Heiligkeit leben. Das ist für mich die allgemeine Heiligkeit.« Sie hat für ihn, der sich selbst als ungeduldig, oft innerlich aufbrausend kennt, sehr viel mit Geduld zu tun: Geduld »als Ausdauer im täglichen Weitergehen. Das ist die Heiligkeit der kämpfenden Kirche, von der Ignatius (der Gründer des Jesuitenordens, zu dem Franziskus gehört) auch spricht.«

Aber Vorsicht: Heiligkeit im Alltag, Heiligkeit der kleinen Leute – damit meint Franziskus etwas anderes, als irgendwie anständig oder respektabel zu sein. Um das zu verdeutlichen, schüttet er gerne mal ätzenden Spott über die Wohlerzogenen aus, die für ihn geradezu das Gegenteil von Heiligkeit darstellen. »Eine fromme äußere Haltung, ein weihevolles Gesicht« (Offener Geist und gläubiges Herz, *Freiburg 2013, S. 190) erscheinen ihm schnell mal als »einstudierte Posen, Maskeraden«, ja »mehr noch ein Panzer, und zwar nicht nur ein äußerer«. Solche Schein-Heilige sind für Franziskus nämlich in Wirklichkeit Christen, die in sich selbst gefangen sind und die »nicht loslassen« können (ebd., S. 191): »Wer sein Bild von sich aufrechterhalten will, wer sich nicht preisgibt …, wer zu allen Ja sagt, um sich nicht die Finger zu verbrennen, während er in Wahrheit schon völlig verbrannt ist, der ist »gefangen«.« Und darum geht es: Schein-Heiligkeit ist das Sich-selbst-Einschließen in ein Gefängnis von Regeln; dahinter steht der Gedanke, dass Heiligkeit etwas nur schwer zu Erreichendes wäre. Echte Heiligkeit dagegen, sagt Franziskus, ist Freiheit.*

Klingt überraschend? Dann drehen wir es noch einmal anders herum. »Einige meinen, Heiligkeit bedeute, die Augen zu schließen und ein Gesicht aufzusetzen wie auf einem Heiligenbildchen. Nein! Das ist nicht die Heiligkeit! Heiligkeit ist etwas Größeres, etwas Tieferes, das Gott uns schenkt.« (Generalaudienz,

19.11.2014) Ein Geschenk also. Und nicht etwas, um das ich mich ständig krampfhaft bemühen muss, um Gott zu gefallen. Heiligkeit als Freiheit also – in dem Sinn, dass ich mich einfach in seine Arme fallen lassen kann, damit er mich heiligt. Der erste Schritt zur Heiligkeit heißt für Franziskus: Loslassen.

Und der zweite Schritt heißt: Bleib, wo du bist, und werde in deinem täglichen Umfeld heilig. »Bist du verheiratet? Sei heilig, indem du für deinen Ehemann oder deine Ehefrau sorgst, wie Christus es mit der Kirche getan hat. Bist du getauft und unverheiratet? Sei heilig, indem du aufrichtig und kompetent deine Arbeit tust und dem Dienst an den Brüdern Zeit widmest. »Aber Pater, ich arbeite in einer Fabrik; ich arbeite als Buchhalter, immer mit Zahlen, da kann man doch nicht heilig sein …« – »Doch, das kann man! Dort, wo du arbeitest, kannst du heilig werden. Gott schenkt dir die Gnade, heilig zu werden. Gott teilt sich dir mit.«

Und warum kann man schlechthin überall heilig werden? Weil man sich in jeder Lebenslage »öffnen« kann »für jene Gnade, die in uns wirkt und uns zur Heiligkeit führt«. Noch einmal stellt Franziskus ein paar Fragen, um diesen Gedanken festzuhalten: »Bist du Vater oder Großvater? Sei heilig, indem du deine Kinder oder Enkel mit Leidenschaft lehrst, Jesus kennenzulernen und ihm nachzufolgen. Und man braucht viel Geduld, um ein guter Vater, ein guter Großvater, eine gute Mutter, eine gute Großmutter zu sein.« Da sind wir wieder bei der offenbar entscheidenden Grundtugend des Heiligen, nämlich der Geduld. »Man braucht viel Geduld, und in dieser Geduld kommt die Heiligkeit: indem man Geduld übt.«

Überhaupt besteht der Weg zur Heiligkeit aus vielen kleinen Schritten, betont der Papst und zählt gleich eine ganze Reihe von Beispielen auf. Etwa zwei Frauen auf dem Markt, die sich unterhalten, und eine von den beiden sagt auf einmal: »Nein, nein, nein, ich werde über niemanden klatschen.« Das sei »ein Schritt zur Heiligkeit«, betont Franziskus. »Zu Hause will dein Sohn dann ein wenig über das reden, was seine Phantasie beschäftigt: ›Ach, ich bin so müde, ich habe heute so viel gearbeitet …‹ – ›Setz dich hin, und höre deinem Sohn zu, er braucht es!‹ Und du setzt sich hin, hörst ihm geduldig zu: Das ist ein Schritt zur Heiligkeit. Dann endet der Tag, wir sind alle müde, aber da ist das Gebet. Sprechen wir ein Gebet: Auch das ist ein Schritt zur Heiligkeit.«

Nichts Spektakuläres also. Keine Großtaten. »Es sind kleine Dinge, aber viele kleine Schritte zur Heiligkeit.« Wir gehen sie nicht allein, sondern viele sind gleichzeitig auf diesem Weg und unterstützen sich gegenseitig. Darum ist es auch nicht wirklich erstaunlich, wenn am Schluss dann so viele ins Ziel kommen … darunter die Eltern des Papstes und seine Oma und viele, viele weitere Menschen, von denen wir kaum noch etwas wissen. Die ganze, riesige »Mittelklasse der Heiligkeit«.

Lassen wir uns anstecken von der Heiligkeit Gottes

Was kann ich tun, der ich mich schwach, zerbrechlich, sündig fühle? Gott sagt zu dir: Hab keine Angst vor der Heiligkeit, hab keine Angst, dir hohe Ziele zu setzen, dich von Gott lieben und reinigen zu lassen, hab keine Angst, dich vom Heiligen Geist leiten zu lassen. Lassen wir uns anstecken von der Heiligkeit Gottes. Jeder Christ ist zur Heiligkeit berufen; und die Heiligkeit besteht nicht in erster Linie darin, Außergewöhnliches zu vollbringen, sondern Gott handeln zu lassen. Sie ist die Begegnung unserer Schwachheit mit der Kraft seiner Gnade, sie bedeutet, auf sein Handeln zu vertrauen, das es uns gestattet, in der Liebe zu leben, alles mit Freude und Demut zu tun, zur Ehre Gottes und im Dienst am Nächsten. Es gibt ein berühmtes Wort des französischen Schriftstellers Léon Bloy. In den letzten Augenblicken seines Lebens sagte er: »Es gibt nur eine Traurigkeit im Leben: kein Heiliger zu sein«. Verlieren wir nicht die Hoffnung auf die Heiligkeit, beschreiten wir alle diesen Weg. Wollen wir Heilige sein? Der Herr wartet auf uns alle, mit offenen Armen; er wartet auf uns, um uns auf diesem Weg der Heiligkeit zu begleiten.

(Generalaudienz, 2.10.2013)

Heiligkeit, nicht gutes Benehmen!

Meine Mitbrüder Kardinäle, Jesus ist nicht gekommen, um uns gutes Benehmen, das Benehmen der feinen Gesellschaft zu lehren! Dazu brauchte er nicht vom Himmel herabzusteigen und am Kreuz zu sterben. Christus ist gekommen, um uns zu retten, um uns den Weg, den einzigen Ausweg aus dem Fließsand der Sünde zu zeigen, und dieser Weg der Heiligkeit ist die Barmherzigkeit, dieser Weg, den er gegangen ist und den er jeden Tag mit uns geht. Heilig zu sein, ist kein Luxus, es ist notwendig für das Heil der Welt. Das ist es, was der Herr von uns verlangt.

(Predigt, 23.2.2014)

Heilig werden kann man überall und jederzeit

Ja, jeder Lebensstand führt zur Heiligkeit, immer! Bei dir zu Hause, auf der Straße, am Arbeitsplatz, in der Kirche, in jedem Augenblick und in deinem Lebensstand steht der Weg zur Heiligkeit offen. Lasst euch nicht entmutigen, diesen Weg zu gehen. Gott selbst schenkt uns die Gnade. Nur darum bittet der Herr: dass wir in Gemeinschaft mit ihm stehen und den Brüdern dienen. An diesem Punkt kann jeder von uns sein Gewissen etwas prüfen, wir können es jetzt tun. Jeder antwortet selbst, im Innern, in der Stille: Wie haben wir bislang auf den Ruf des Herrn zur Heiligkeit geantwortet? Möchte ich gern etwas besser, christlicher werden? Das ist der Weg der Heiligkeit.

(Generalaudienz, 19.11.2014)

Heilige sind wie wir

Die Heiligen sind weder Übermenschen noch perfekt zur Welt gekommen. Sie sind wie wir, wie jeder von uns, sie sind Menschen, die, bevor sie die Herrlichkeit des Himmels erlangten, ein normales Leben geführt haben, mit Freuden und Schmerzen, Mühen und Hoffnungen. Was aber hat ihr Leben verändert? Als sie die Liebe Gottes erkannt haben, sind sie ihm mit ganzem Herzen nachgefolgt, bedingungslos und ohne Heuchelei. Sie haben ihr Leben im Dienst an den anderen hingegeben, sie haben Leiden und Feindseligkeiten ertragen, ohne zu hassen und indem sie auf das Böse mit dem Guten geantwortet und Freude und Frieden verbreitet haben. Das ist das Leben der Heiligen: Menschen, die aus Liebe zu Gott ihm in ihrem Leben keine Bedingungen gestellt haben …

(Angelus, 1.11.2013)

Verzeichnis der verwendeten Ansprachen und Publikationen

Die Textauszüge aus den folgenden Ansprachen wurden zur neuen Rechtschreibung hin vereinheitlicht. Abkürzungen wie hl. und Msgn. wurden ausgeschrieben.

Josef Kardinal Ratzinger, Predigt beim Requiem für Johannes Paul II., 8.4.2005

Benedikt XVI., Ansprache, 27.4.2005

Benedikt XVI., Angelus, 10.7.2005

Benedikt XVI., Angelus, 9.10.2005

Interview mit Benedikt XVI. im polnischen TV, 16.10.2005

Benedikt XVI., Ansprache an die Jesuiten, 22.4.2006

Interview mit Benedikt XVI., 5.8.2006

Benedikt XVI., Angelus, 25.3.2007

Benedikt XVI., Predigt, 2.4.2007

Benedikt XVI., Predigt in Pavia, 22.4.2007

Benedikt XVI., Auf dem Flug nach Brasilien, 9.5.2007

Benedikt XVI., Generalaudienz, 8.8.2007

Benedikt XVI., Generalaudienz, 22.8.2007

Benedikt XVI., Generalaudienz, 9.1.2008

Benedikt XVI., Predigt zur Eröffnung des Paulusjahres in der römischen Basilika Sankt Paul vor den Mauern, 28.6.2008

Benedikt XVI., Generalaudienz, 3.9.2008

Benedikt XVI., Ansprache im Collège des Bernardins in Paris, 12.9.2008

Benedikt XVI., auf dem Flug nach Lourdes, 12.9.2008

Benedikt XVI., Predigt bei der Lichterprozession in Lourdes, 13.9.2008

Benedikt XVI., Generalaudienz, 4.2.2009

Benedikt XVI., Brief zur Eröffnung des Jahres der Priester, 16.6.2009

Benedikt XVI., Generalaudienz, 5.8.2009

Benedikt XVI., An Jugendliche in Sulmona, 4.7.2010

Benedikt XVI., Predigt in Sulmona, 4.7.2010

Benedikt XVI., Fliegende Pressekonferenz, 16.9.2010
Benedikt XVI., Generalaudienz, 2.6.2010
Benedikt XVI., Generalaudienz, 16.6.2010
Benedikt XVI., Generalaudienz, 1.9.2010
Benedikt XVI., Generalaudienz, 8.9.2010
Benedikt XVI., Vigil im Hyde Park von London, 18.9.2010
Benedikt XVI., Predigt bei der Seligsprechung John Henry Newmans in Birmingham, 19.9.2010
Benedikt XVI., Weihnachtsansprache an die römische Kurie 20.12.2010
Benedikt XVI., Predigt zur Seligsprechung Johannes Paul II., 1.5.2011

Josemaria Escrivá de Balaguer, Betrachtungen, 3.3.1954.

Franziskus, Offener Geist und gläubiges Herz, Freiburg 2013
Franziskus, Ansprache an Journalisten drei Tage nach seiner Wahl zum Papst, 16.3.2013
Franziskus, Predigt zum Beginn des Pontifikats, 19.3.2013
Franziskus, Predigt, 28.3.2013
Franziskus, Generalaudienz, 3.4.2013
Franziskus, Ansprache, 3.6.2013
Franziskus, Auf dem Flug von Brasilien nach Rom, 28.7.2013
Franziskus, Messe in Il Gesù, 31.7.2013
Franziskus, Brief an den Erzbischof von Santa Fé zur Seligsprechung Brocheros,14.9.2013; eigene Übersetzung d. Hg. aus dem Spanischen
Franziskus, Angelus, 15.9.2013
Franziskus, Interview mit Jesuitenzeitschriften, veröffentlicht am 19.9.2013
Franziskus, Generalaudienz, 2.10.2013
Franziskus, Predigt in Assisi, 4.10.2013
Franziskus, Angelus, 1.11.2013
Franziskus, Apostolisches Schreiben Evangelii gaudium 24.11.2013
Franziskus, Mein Leben – mein Weg, Freiburg 2013.
Franziskus, Dankmesse für die Heiligsprechung von Peter Faber, 3.1.2014
Franziskus, Predigt, 23.2.2014

Franziskus, Dankgottesdienst für die Heiligsprechung von José de Anchieta, 24.4.2014
Franziskus, Predigt bei der Heiligsprechung Johannes‘ XXIII., 27.4.2014
Franziskus, Auf dem Flug von Albanien nach Rom, 21.9.2014
Franziskus, Begegnung mit Religionsführern in Tirana/Albanien, 21.9.2014
Franziskus, Predigt in Tirana/Albanien, 21.9.2014
Franziskus, Predigt bei der Vesper in Tirana/Albanien, 21.9.2014
Vatikanbericht über eine Frühmesse des Papstes Franziskus, 30.9.2014
Franziskus, Botschaft zur Fastenzeit, 4.10.2014
Franziskus, Brief an den Bischof von Ávila, 15.10.2014
Franziskus, Generalaudienz,19.11.2014
Franziskus, Auf dem Flug nach Sri Lanka, 15.1.2015
Franziskus, Ansprache an Familien in Manila/Philippinen, 16.1.2015
Franziskus, Brief an den Erzbischof von San Salvador, 23.5.2015; eigene Übersetzung d. Hg. aus dem Spanischen
Franziskus, Enzyklika Laudato si' 24.5.2015
Franziskus, Predigt, 18.10.2015
Franziskus, Predigt in Guadalupe, 13.2.2016
Franziskus, Apostolisches Schreiben Amoris laetitia, 19.3.2016
Franziskus, Predigt bei der Heiligsprechung Mutter Teresas, 4.9.2016
Franziskus, Ansprache an die Generalkongregation der Jesuiten, 24.10.2016
Franziskus, Frühmesse vom 20.3.2017
Franziskus, Generalaudienz, 17.5.2017

Johannes XXIII., Enzyklika Pacem in Terris, 11.4.1963

Johannes Paul II., Predigt am 4.6.1979
Johannes Paul II., Predigt auf dem Gelände des früheren KZ Auschwitz-Birkenau, 7.6.1979
Johannes Paul II.. Enzyklika Dives in Misericordia, 1980
Johannes Paul II., Predigt in Niepokalanów/Polen, 18.6.1983
Johannes Paul II., Enzyklika Slavorum Apostoli, 2.6.1985
Johannes Paul II., Enzyklika Redemptoris Mater, 25.03.1987

Johannes Paul II., Ansprache an die Kurie, 22.12.1987
Johannes Paul II., An den Zentralrat der Juden in Deutschland, Berlin, 23.6.1996
Johannes Paul II., Gebet am Grab von Bernhard Lichtenberg in Berlin, 23.6.1996
Johannes Paul II., Predigt bei der Seligsprechung von Bernhard Lichtenberg in Berlin, 23.6.1996
Johannes Paul II., Angelus, 7.9.1997
Johannes Paul II., Angelusgebet beim Weltjugendtag in Paris, 24.8.1997
Johannes Paul II., Predigt bei der Heiligsprechung von Edith Stein in Rom, 11.10.1998
Johannes Paul II., Apostolisches Schreiben Spes Aedificandi, 01.10.1999
Johannes Paul II., Predigt bei der Heiligsprechung von Maria Faustyna Kowalska, 30.4.2000
Johannes Paul II., Predigt bei der Seligsprechung von Iacinta und Francisco Marco in Fátima, 13.5.2000
Johannes Paul II., Ansprache, 11.2.2001
Johannes Paul II., Predigt bei der Heiligsprechung von Pater Pio, 16.6.2002
Johannes Paul II., Ansprache, 17.6.2002
Johannes Paul II., Predigt bei der Heiligsprechung von Juan Diego, 31.7.2002
Johannes Paul II., Predigt in Krakau, 17.8.2002
Johannes Paul II., Predigt in Krakau-Lagiewniki, 17.8.2002
Johannes Paul II., Brief an die Generaläbtissin des Birgittenordens von Heiligsten Erlöser, 21.9.2002
Johannes Paul II., Predigt bei der Heiligsprechung von Josemaría Escrivá de Balaguer, 6.10.2002
Johannes Paul II., Ansprache, 7.10.2002
Johannes Paul II., Predigt bei der Seligsprechung von Mutter Teresa, 19.10.2003
Johannes Paul II., Beim Rosenkranzgebet in Lourdes, 14.8.2004

George Weigel, Zeuge der Hoffnung, Paderborn 2003